督学视野下的
学校高质量发展

深圳市禹明督学工作室 组编
禹明 主编

上海交通大学出版社
SHANGHAI JIAO TONG UNIVERSITY PRESS

内容提要

　　教育督导的任务是"督政、督学和质量监测"，针对当下各地实验学校、外语学校、大学附属学校层出不穷，但办学质量差别很大的现状，有人调侃，实验学校不"实验"、外语学校不"外语"。为了解决这些热点问题，本书集合督学的一些观点和思考，讨论实验学校应该"实验"什么、外语学校的课程建设、九年一贯制学校如何做好衔接等话题，内容涉及公、民办学校的办学水平督导评估，学业质量监测与评价、学校体育，心理健康教育，安全教育和生涯规划教育等多方面。本书适合中小学教师、教育管理者参考阅读。

图书在版编目（CIP）数据

　　督学视野下的学校高质量发展/深圳市禹明督学工
作室组编；禹明主编. —上海：上海交通大学出版社，
2024.9—ISBN 978‐7‐313‐31316‐4

　　Ⅰ. G637

　　中国国家版本馆 CIP 数据核字第 20248W3D26 号

督学视野下的学校高质量发展
DUXUE SHIYE XIA DE XUEXIAO GAOZHILIANG FAZHAN

组　　编：深圳市禹明督学工作室		主　　编：禹　明	
出版发行：上海交通大学出版社		地　　址：上海市番禺路 951 号	
邮政编码：200030		电　　话：021‐64071208	
印　　制：苏州市古得堡数码印刷有限公司		经　　销：全国新华书店	
开　　本：710mm×1000mm　1/16		印　　张：15.75	
字　　数：217 千字			
版　　次：2024 年 9 月第 1 版		印　　次：2024 年 9 月第 1 次印刷	
书　　号：ISBN 978‐7‐313‐31316‐4			
定　　价：68.00 元			

版权所有　侵权必究
告读者：如发现本书有印装质量问题请与印刷厂质量科联系
联系电话：0512‐65896959

前　言

　　深圳教育经历了从农村教育到城市教育、从城市教育向现代化教育转变的历程，在这个历程中，教育督导发挥了重要的作用。从 2010 年开始，在借鉴国内外学校督导评估先进经验的基础上，深圳市教育局和深圳市教育督导室启动了义务教育阶段办学水平评估，从"领导与管理""课程与教学""教师发展""学生发展""学校发展"五个维度，对义务阶段学校进行督导评估，旨在促进学校的内涵发展，追求教育的高质量。

　　在深圳市义务教育阶段办学水平评估过程中，督学个体的政策水平、专业知识、工作能力直接影响到办学水平评估的效果。2017 年，为了加强教育督导队伍的建设，深圳市教育局和深圳市教育督导室在抓好教育督导队伍常规培训的基础上，推出了"督学工作室"的工作与培训机制，在全市成立了六个督学工作室，分别是"中学（含九年一贯制学校）督学工作室""小学督学工作室""职业教育督学工作室""责任督学工作室"和"学前教育督学工作室"（2 个）。在 2019—2022 年曾增设过一个"义务教育质量监测督学工作室"。督学工作室的主要任务就是培养深圳市教育督导工作的领军人才。

　　2017 年，我有幸成为首届深圳市"中学（含九年一贯制学校）督学工作室"主持人，2021 年，我继续担任第二届"中学（含九年一贯制学校）督学工作室"主持人。我们工作室的目标和宗旨就是"为深圳市教育督导评估领军人才的成长搭建平台"，主要任务是"提升工作室成员的督导领导力"，即对督导评估政策的理解力、对督导评估操作的执行力和对督导评估问题研究解决的反思力。

我们重视工作室的文化建设，提出了工作室精神——"追求一流"，工作准则——"公正、诚信、平等"，确立了"脚踏实地、合作共赢"的行动准则，建立了"简单、和谐、信任、理解"的人际关系。同时，制订了工作室工作计划和工作室工作守则。

我们主要采取六大举措，即开展工作坊式的理论学习、问题导向的现场督导研讨、教育督导评估的实际操作、市内外督学培训任务、督导课题研究和为学校（含成员校和有需要的学校）提供督导评估咨询、办学指导服务，为工作室成员的成长提供平台，助推他们尽快成长为深圳市教育局和深圳市教育督导室期待的教育督导领军人才。

我们第一届督学工作室成员有 12 人，第二届督学工作室成员有 23人。六年来，在深圳市教育局和深圳市教育督导室的领导下，我们圆满地完成了深圳市教育局和深圳市教育督导室交给我们的各项督导评估任务，同时又根据实际开展了卓有成效的各种活动，赢得了社会和学校的承认与尊重，产生了良好的社会影响。

六年里，督学工作室的成员收获满满，他们已经成为深圳市教育督导评估队伍中的重要力量，能独立带队承担深圳市教育督导室、各区教育督导部门安排的督导评估任务；他们出现在国内各级教育督导评估、质量监测、学校发展学术论坛上，表达自己对教育的理解与实践；他们承担了 200 多场省内外各级督学、校长培训讲课任务，主持了 20 多项课题研究。更重要的是，他们在完成督导工作的同时，以督学的视野办学，使自己所在学校成为优质学校。

督学工作室有的督学被评为特级教师、正高级教师、南粤优秀教师、深圳市特级校长、深圳市名校长、优秀督学等，有的督学担任了市督学工作室主持人、市名校长工作室主持人、市名师工作室主持人以及区名督学工作室主持人、区名校长工作室主持人等。我不能说，他们的成长和工作室是因果关系，但工作室的活动肯定为他们的成长起到了助力作用，两者是正相关吧。

看到他们的成就我满心欣喜，能与这样一批优秀的督学相互学习，度过难忘的六年，是我的幸运。福田区名督学工作室主持人赵青木一直担任我的工作室助理，他对教育督导工作有着深厚的感情与自己的见解，他的热情、主动、智慧对我们督学工作室发展起到了重要的作用。深圳市名校长叶志青是工作室临时党小组的成员，中国网教育频道记者采访我时，我对叶志青的评价是：扎根课改，勇于创新，善于学习，对于自己认定的教育目标，始终如一，久久为功。

来自市、区教育科学研究院的滕峰丽博士、苏娜博士、席春玲博士、张元春院长、肖萍主任和吕军主任充分利用他们的学术优势，支持工作室的各项研究活动，他们个人的研究成果也是令人钦佩的。

我们工作室成员以学校书记、校长为主，例如担任集团党委书记或总校长的王君健、罗灿、冯永、葛岩峰、黄向真，担任学校党总支书记、支部书记或校长的孙国芹、温安武、吴熙龙、李莹、蒋和勇、肖毅、蔡苏瑜、何小花、黄锦城、毛展煜、阳湘玲、黄宇慧、周卫锋，担任副校长的吴文东等，他们不但具有丰富的督导评估经验，而且把自己的学校办成了优质学校。

来自区教育督导部门的黄映、杨穗龙、郑国宣督学，用他们专职从事督导工作的经验为工作室成员提供了有益的帮助。

我之所以罗列了两批工作室成员的名单，是因为我从心底感谢他们。在和他们相处的六年中，我从他们那里学到了教育督导评估和学校管理的鲜活经验。孔子说，"三人行，必有我师焉"，何况和这么优秀的一群人在一起，学到的不是更多吗？

编辑《督学视野下的学校高质量发展》一书，目的在于总结我们工作室的宝贵经验，把工作室成员的感悟、心得与大家分享。感谢我工作室的全体成员，他们积极供稿，保证了本书在预定的时间完稿。这些基于深圳教育的教育督导和学校管理的体会与做法，或许不一定适应其他地区，但多少会起到启迪作用，引发大家的思考。

人们常说，一群人可以走得更远，但我认为不一定。如果"一群人"是一群志同道合的人，一群优秀的人，那肯定可以走得更远。否则，就只能原地打转，甚至走回头路。我庆幸，我与一群优秀的人一起走过了六年。

我主持的第二届工作室即将到期，难言再见。

"聚是一团火，散是满天星"，我相信，我们工作室的各位成员一定会在深圳教育的发展进程中留下浓墨重彩的一笔。

禹 明

2024 年 5 月 20 日

于深圳南山

目　　录

第一部分　督导：学校高质量发展的杠杆

第二部分　学校高质量发展研究

第三部分　专题研究

第一部分

督导：学校高质量发展的杠杆

导言

　　教育督导的任务就是"督政、督学和质量监测"，本部分的作者，结合区域教育的实际情况和教育督导中出现的问题，分别从不同的角度研讨如何进一步做好教育督导工作。讨论的内容涉及公、民办学校的办学水平督导评估、学业质量监测与评价，以及学校体育、心理健康教育、安全教育和生涯规划教育等诸多方面。

基于数据诊断的教育督导评估新模式探索

——以深圳市义务教育民办学校办学水平评估为例 *

滕峰丽 **

民办教育由"有益补充"到"共同发展",最终成长为社会主义教育事业的重要组成部分、教育事业发展的重要增长点和促进教育改革的重要力量。民办学校规范办学、提升质量是推动教育整体高质量均衡发展的重要部分。深圳市政府教育督导室结合深圳市开展的义务教育阶段学校办学水平评估项目,就如何利用大数据等现代信息技术手段,引入监测数据诊断,将学校办学水平评估和现代信息技术有机结合,根据学校评估指标选取适当的数据实施诊断,从学生发展这一"产出指标",精准判断学校管理、教师课程教学中问题,并将之应用于学校自评、评估指导,从而改变当前督学入校专业化的现场诊断、质性评价为主的评估方式,探索学校评价新模式,最终达到了创新评估方法,改革评估流程,提高工作效能,同时培养提高督学应用数据实施评估诊断的能力,使教育督导评估兼具人文性与科学性、权威性与专业性的目的。

---

* 本文是广东省深化新时代教育评价改革试点项目成果。

** 滕峰丽,深圳市禹明督学工作室第一、第二批成员,深圳市教育科学研究院教育质量监测与评价研究中心主任,博士,第五、第六届深圳市督学,第三届深圳市督导评估专家库成员。

一、主要做法

（一）深圳市人民政府教育督导室研发系列政策文件和评估工具

1. 印发《深圳市义务教育阶段民办学校办学水平评估通知》

《深圳市义务教育阶段民办学校办学水平评估通知》要求各区开展民办学校办学水平评估，具体包括：一是市教育督导室负责制订评估方案、评估指标、评估工具，指导评估实施；二是市督学工作室及特邀资深督学负责组队实施；三是各区（新区）教育行政具体协助安排，加强对受评学校的指导，确保迎评各项准备工作落实到位；四是受评学校要对照《深圳市义务教育阶段民办学校办学水平评估指标体系（试行）》深入开展自评自诊，做好各项评估准备工作。

2. 印发《深圳市义务教育阶段民办学校办学水平评估指标体系（试行）》

民办学校评估指标体系是在总结公办学校 10 年评估经验基础上结合民办学校实际状况与特点修订的，修订的内容更加强调党的组织领导，要求依法成立理事会、董事会或者其他形式决策机构，强调以社会主义核心价值观为指导确立办学方向，强调依法办学，强调教师的配备，落实"双减"要求，强调学校的发展条件与规划等七项。在评估流程中增加了财务人员作为评估组督学，对受评学校的财务状况进行检查，提交财务督导报告。

3. 研发了一系列评估工具

这些评估工具包括：深圳市义务教育阶段民办学校办学水平评估学生、教师、家长调查问卷；深圳市义务教育阶段民办学校办学水平评估指标体系等级标准；民办学校办学水平评估注意事项手册等。

（二）各区充分发挥主观能动性多途径推进

在深圳市教育局督导处的统一部署下，各区教育督导部门根据本区域工作安排，充分发挥主观能动性，采用多种途径推进民办学校办学水平评估工作，呈现出不同特点，丰富了项目研究。

1. 途径一：委托第三方（督学工作室）开展项目

龙华区督导室开展年度民办学校评估工作委托深圳市禹明督学工作室，督学工作室充分灵活运用自身成员优势（工作室成员包括中小学校长、专职督学、教科研人员），选派对监测数据分析有经验的督学组建工作团队，在评估工作中推进项目研究。

2. 途径二：遵循年度工作计划开展项目

将民办学校评估列入年度工作计划，罗湖区、宝安区等各区督导部门按照本区教育工作安排，预算督导评估专项经费，自主组建评估团队开展评估工作，推进项目研究。

3. 途径三：研制本区民办教育评价指标体系开展项目

龙岗区学习贯彻上级文件精神，针对本区民办学校体量大（义务教育民办学校占全区义务教育阶段学校总数的40%）、质量参差不齐、发展水平不一致等特点，于2020年率先实施义务教育阶段民办学校综合评价改革，自主开发研制了适合本区民办教育发展特点的评价标准体系，并细化指标体系，优化评估程序，深化结果运用，有力推动了龙岗基础教育整体发展。"深圳市龙岗区基于实证的民办学校办学水平评估体系"被广东省教育厅评为第二批深化新时代教育评价改革典型案例。

（三）监测数据应用于学校评估的环节、流程和后期整改中，创新评估方式方法，彰显诊断改进功能

龙华区建立了区域教育质量监测数据平台，开展了国家义务教育质量监测、区域"深度监测"、"PISA for Schools"项目测试，积累了海量数据，包括区域各学校学生学业成绩、学生体质健康、教师发展状况、学校发展状况、家庭教育状况等，涵盖了学生德智体美劳全面发展的数据，能够实现"每校一报告"，为本项目开展提供了数据支持。评估前，善于数据分析的督学根据学校监测报告形成的分析报告以及言简意赅的数据解读，为评估组迅速了解学校各方面情况奠定了基础，使督学做到"心中有数"。评估中，数据分析报告在一定程度上避免了学校为迎评制造假数据的可能性，督学减少了搜集相关数据的工作时间，带着数据意识和数据问题开展听课、访谈、问卷等现场信息采集，并与其他信息相互印证、相互支撑，能够做到"有的放矢"。评估组反馈的学校报告中，督学应用相关数据对评估结论予以佐证，能够做到"有理有据""言之有物"。评估后回访环节，评估组将根据前后学校监测数据的比较分析，验证学校改进成效，及办学水平提升状况。龙华区在项目推进中，先期选取龙华区中英文实验学校、展华实验学校、博恒实验学校等作为试点，在评估实践工作中总结经验并推广实施。

龙岗区在项目推进中，一是建立和完善了各学校常态化评价数据库和综合评价档案，实现了即时督导和实时监测预警功能。研制的民办学校办学水平评估体系以定量指标为主，定量指标和定性指标相结合。定量指标关注办学条件、资源配置以及教师、学生和学校发展的合格程度，定性指标关注发展水平和工作水平的进步程度，使评价对象不仅明白自身发展定位，还明白发展方向和路径。二是优化了评估流程，新增了学校自评自诊指导、教学专项督导，依托本区教育督导信息平台，建立民办学校办学水平评估专题模块，使评估组专家可以提前实施线上督评，对受评学校的办学基本状况做到"心中有数"。

（四）督学在评估实践中充分发挥专业优势，提高专业能力

深圳市人民政府教育督导室深入贯彻实施督政、督学、评估监测"三位一体"督导体系建设，打造适应新时代发展要求的督学骨干团队。市督导室组建包括监测督学工作室在内的若干个市级督学工作室，工作室根据职能定位与项目任务，承担市、区级督导室委托的研究、工作任务，同时锻炼、培养本工作室成员。督学在监测数据中选择与办学水平评估指标体系相适应的指标数据，形成监测数据报告，使学校的自评做到有的放矢、言之有物，使督学入校评估前做到有据可依、有迹可循。督学"怀揣"数据问题，有目的性、针对性地评估，优化评估组人员结构，评估组调整督学结构，成员增加监测数据解读分析的督学，聚焦评估指标体系，重点关注学生学业水平、学习品质养成、阅读、心理健康、家庭教育、劳动教育等重点问题，从学生德智体美劳发展的"产出指标"精准判断学校管理、教师课程教学、家庭教育状况存在的问题，综合各方评估信息，使评估结论有理有据。

二、经验成效

（一）基于数据诊断的评估新模式基本达到了缩短评估流程，提高工作效能的目的

评估前、中、后环节中，综合运用了定量和定性相结合的评估方式方法。实践证明，监测数据在评估环节中的有效应用（见图1），可以缩短评估流程，有效调整督学时间分配结构，减少督学查阅搜集基础数据的工作量，使之把时间和精力更多分配在课堂观课和访谈环节，提高工作效能。

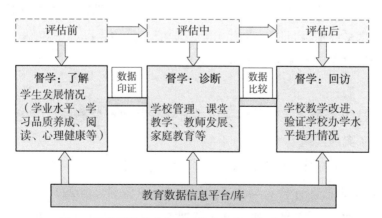

图 1　民办学校办学水平评估中的监测数据应用模式

（二）基于数据诊断的评估新模式完善创新了义务教育阶段学校办学水平评估工作，具有显现的深圳特色

目前开展的民办学校评估是在公办学校评估经验基础上开展的，吸收了公办学校评估的优势，建立了市督导室统筹协调，区督导室、督学工作室密切配合，具体落实执行的工作运行机制，项目参与人员包括行政人员、中小学专兼职督学、教科研人员、数据分析人员等，形成了市区统一协调、分工明确、协同推进、分步实施的工作格局。引入监测数据诊断学校办学水平，使得深圳市学校评估类型更为完整、方式方法更为科学。深圳市义务教育阶段学校办学水平评估是深圳基础教育、深圳教育督导的品牌项目，多年的学校评估实践以促进学校发展为宗旨，评估方式多元，关注现场，强调实证。其以人为本、以校为本的评估定位与创新特点，受到校长、师生、督学的普遍认同和欢迎。

（三）工作实操与培训中加强监测数据应用，提升了督学队伍专业能力

深圳市督导室目标明确地要求各督学工作室开展工作时重视监测数据的应用。市督导室近年来开展的年度市级骨干督学培训，课程安排非常重视监测、评价相关内容的设置与安排，要求督学不断学习前沿新理论、新技术、新方法。据统计，2021—2023 年深圳市义务教育阶段学校办学水平评估项目中，共有 126 所学校（其中，民办学校 90 所）完成了评估工作，参加督学 1698 人次。

（四）义务教育学校评估项目为深圳特色教育监测评价督导体系建设贡献了实践经验

2022 年 11 月 24 日，深圳市教育局、编办、人社局联合印发了《深圳市教育监测评价督导体系建设方案》（深教〔2022〕215 号），指出，到 2025 年，通过构建全息扫描监测系统、科学诊断评价系统、现代督导运行系统，建设区域教育高质量发展、学校优质发展、教师高素质发展、学生全面发展等 4 个监测评价督导子体系，建成全面覆盖、体系完善、机制健全、功能强大、队伍精专、运转高效、结果权威、问责有力的具有深圳特色的现代教育监测评价督导体系。其中主要任务之一是开展学校发展监测评价督导，完善学校优质发展指标体系，优化义务教育学校评估项目。深圳智慧教育平台（管考评信息化支撑运营服务项目，见图 2）充分利用互联网、大数据、云计算等开展过程监测、质量评价和督导；创新区域与学校督导评估工作流程，设计数据应用架构，利用"互联网＋教育"的信息化手段，实现市、区、校三级数据汇总与统计分析，呈现可视化结果并生成报告。督学根据报告问题开展有针对性的追踪与反馈，促进学校整改，进而提高学校办学水平，促进区域基础教育质量发展。

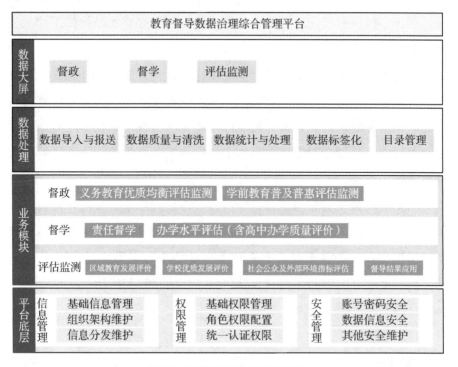

图 2　智慧教育平台建设架构

三、实践反思

（一）反思

深化新时代教育评价改革必须利用人工智能、大数据等现代信息技术赋能创新评价工具。基于数据诊断开展各级各类学校发展监测评价督导工作，有赖于时间加空间而成的数据积累，有赖于当前深圳市智慧教育信息平台的建设，有赖于具有数据分析能力的督学队伍建设。

通过本项目的实践探索，可以发现其中存在的若干问题：

一是监测数据不完整导致有些区无法采用现有模式开展评估工作。国家、省义务教育质量监测是抽样，学校数量有限，不能实现区域学校全覆盖，有些区自己没有监测项目或者监测内容单一，不能实现监测到校，受评学校没有较完善的学校监测报告，学校办学水平评估工作无法基于监测数据进行诊断。

二是深圳智慧教育平台刚开始立项建设。一方面平台开发受市政府统筹、企业工作安排等限制，无法完全把控进度，另一方面平台建设需要在应用中不断磨合、完善，短期内可能无法实现信息技术与监测评价的完美融合，预期会对学校办学水平评估的工作产生若干不利影响，有待在实践中改进。

三是提高督学素养与能力，学习教育评价的思维、方法，具备教育数据意识和数据应用能力必不可少。现实状况是督学队伍中教育质量监测评价专业人才严重不足，不能有效在评估中开展数据挖掘与分析工作，在一定程度上影响了教育教学评估工作的指导与应用。

（二）应对

（1）如何对接、整合各类教育信息资源，充分运用大数据、物联网、区块链等技术，建立完善全市统一、分级使用的教育监测评价督导智慧平台，保障教育监测评价督导各项工作的运行？

区域、学校、教师、学生的发展监测评价中，监测工具研发、数据采集分析、结果呈现非常依赖信息化程度，从现有的教育信息化水平来看，还远远达不到教育监测、评价的需要。

我们的观点是"数据整合即为监测，数据应用即为评价"。实现智慧教科研培平台建设教育评价功能，前提与基础在于"破""立""规"三个方面。

破：解决数据孤岛壁垒，对上、对下、对内、对外连接、贯通，实现数据整合。目前教育数据的载体系统很多，如学生学籍管理系统、教育事业统计数据系统、国家学生体质健康系统、学生综合素养成长电子档案系统、教师信息管理系统等，这些数据系统的归属与管理分散到各个职能部门，且数据录入、统计口径不同，导致系统与系统之间各自为政，甚至出现数据之间相互"掐架"的现象。打通市内外、院内外、贯通幼、小、初、高各学段势在必行。

对上与省教育信息平台实现对接，对下与各区教育信息平台实现对接，对内与局办、基教处、招办、发展与规划处、人事（师资）处等职能部门数据打通，对外与统计局、卫健委、公安局等单位数据打通，实现有关人口、青少年健康监测等数据的共享、共用、共研。

立：原有数据整理存储形成规模数据库，实现数据的生成与构建。将既有的初高中调研考试、体育专项监测、中小学艺术测评、国家义务教育质量监测、广东省义务教育质量监测、学生综合素养"阳光评价测试"、薄弱民办学校教育质量监测、初中学业水平考试分析、线上教育教学质量分析等各类已有监测、评价数据汇总，形成规模数据库，为数据生成、建模做基础，在结果呈现中可导出数据、图表，实现增值评价、差异化评价、多元评价。

规：数据分类分层确立授权机制，实现科学管理。建立数据基础制度，数据使用分层授权、分级访问，明确监管红线，确保数据安全、应用规范。

（2）如何提高督学素质与能力，建设一支具备较强教育数据意识和数据应用能力的督学队伍？

　　如今高校中教育测量与评价专业的人才数量和水平难以跟上教育评价发展的脚步。未来，我国高等教育体系中"教育测量与评价"的学科、相关专业与课程系统化建设，才是解决这一问题的根本出路所在。应当支持深圳本土高校开设教育质量监测相关专业，招收本科生、研究生。

　　坚持引进、培养相结合，加快建立一支规模宏大、专业精湛、结构合理、素质优良的教育督导专业人才队伍。吸纳市、区骨干力量，加大专业培训力度，推动一部分研究人员和优秀教师成功转型，积极投入教育质量监测评价研究和应用工作，并充实到督学队伍中。由市区级教育部门在人才队伍建设政策中增设教育质量监测人员专业成长与发展路径，如名师工作室增加教育质量监测评价人才专项，市、区级教育规划课题增加教育质量监测评价专项，教师继续教育增加教育质量监测评价课程、学时，教师评奖、评优评先增加教育质量监测评价荣誉等。

大规模线上教学：状态、困境与出路

——基于深圳市百万份数据的调查分析[*]

苏　娜[**]

受新冠疫情影响，深圳市于 2020 年开展了三个月的线上教学，数百万名中小学生加入其中。全面复课后，研究机构对全市教育行政部门负责人，各学科教研员，全市中小学校长、教师、学生及家长开展了近 109 万人参与的大规模问卷调查与实地访谈。2022 年，深圳市再次开展线上教学两月有余，并进行了第二轮大规模问卷调查。两次调查发现，即使在经济发达城市，线上教学各主体的状态仍旧让人喜忧参半，线上教学模式依旧面临多重困境，线上线下教学模式关系的调和尤待多方努力。

＊ 本文系 2021 年度深圳市哲学社会科学规划课题"'破五唯'视域下义务教育学校增值评价理论模型与实践探索"（主持人：苏娜，课题编号：SZ2021D037）与 2021 年度广东省教育科学规划领导小组办公室重点项目"深化新时代基础教育评价改革的行动研究——以深圳市评价改革项目为例"（主持人：滕峰丽，课题编号：2021ZQJK115）的阶段性研究成果。

＊＊ 苏娜：深圳市禹明督学工作室第二批成员，深圳市教育科学研究院教育质量监测与评价研究中心副研究员，博士，第六、第七届深圳市督学。

一、线上教学各主体状态分析

（一）学习者

1. 学习状态：线上学习基础条件具备，学习活动得以进行，学习效果差强人意

教与学终端的获得、网络的流畅与居家环境的质量是教师和学生顺利完成线上教学的前提与保障。调查显示[①]，95%的学生线上教学期间电子设备和居家学习环境能得到基本保障，仅5%的学生难以保障。而超过80%的教师与家长也认为，学生线上学习的设备与环境得到了有效保障。同时，除国家的精品课程之外，深圳市、区教育行政部门还录制了学校教师可以免费使用的托底课程；在精品课程、托底课程的基础上，教师根据教学实际对教学资源进行整合，自制教学视频/音频，利用直播平台、在线软件等开展教学。超过80%的教师、校长对托底课程质量表示认可，近60%的学生对教师所使用的教学资源比较认可。从结果上看，教师基本能够完成预定的教学任务和教学目标，在线上教学组织方面完成度较优，基本保障了内部推力的形成。

学生的学习投入度与知识掌握度存在较大落差，学习效果也不尽如人意。近60%的学生表示线上教学过程中的课堂氛围能让其"比较投入"甚至"非常投入"，近80%的学生表示能够"完全能听懂"或"大部分能听懂"教师上课的内容。但是，对教师的调查显示，"学生知识掌握情况堪忧"是其最大的压力来源；超过一半的教师认为学生学业出现两极分化的局面，并且认为"整体变差"的比例超过20%；认为学生学业在"整体变好"的教师仅为4%；同时，近80%的教研员认为学生学业整体水平变差，尤其是理科类课程和体育类课程。这种低水平知

---

① 本文所用数据均来源于深圳市教育科学研究院2020年、2021年"基础教育阶段线上教学质量评价调研报告"。

识掌握度带来的结果是返校复课后，教师对学生已学知识的查漏补缺工作耗时较长，学生难以跟上后续知识的学习。同时，家长对于学生居家学习效果的满意度也较低，对孩子在线学习效果"不满意"的家长超过20%。

2. 身心状态：身体健康状况令人担忧，心理健康状况也需关注

2020年，教育部对9个省（区、市）中小学学生在疫情期间视力变化情况进行调研，结果发现2020年上半年中小学生近视率增长11.7%，小学生增长最快[①]；并且，多年追踪数据表明，有手机依赖或手机依赖倾向的学生比例均呈逐年增加的趋势[②]。本次调研也发现，线上学习的持续开展对中小学生的体质、视力造成了一定的不良影响。调查显示，主观感觉自己线上学习期间视力变差的学生超过40%，实际测量后发现视力变差的学生接近20%，且小学高年级学生视力变差比例高于其他年级。调查也显示，大部分学生线上体育课参与率偏低，近20%的家长表示居家线上学习期间孩子的体重增长过快，且返校复课后近14%的学生表示参加体育课"比较吃力"甚至"非常吃力"。

与此同时，全面复课后，超过一半的教师认为，疫情对学生的心理影响程度较大，14%的教师认为疫情对学生的心理影响"很大"，其中初中学段尤为严重。教师还表示，线上教学的"跨时空"模式与面对面教学不同，教师难以透过屏幕观察学生的情绪和态度，仅能通过学生课堂的参与程度或与学生进行课下的交流来间接了解学生的心理状况，使得教师对学生心理健康问题的及时了解、把握与干预变得更加困难。

3. 亲子关系状态：总体和谐，学段差异较为明显，亲子沟通质量仍待提升

调查发现，疫情期间，学生与家长在学习、生活、人际交往等方面

---

① 教育部：疫情期间中小学生近视率上升，今年底将评估各地近视防控工作［N］. 中国教育报，2020 - 08 - 27. https://baijiahao.baidu.com/s? id=1676182146378898027&wfr=spider&for=pc.

② 全国"区域教育质量健康体检"报告［N］. 人民政协报，2021 - 04 - 28 (11).

问题冲突的平均得分为 15.97 分（满分 45 分），属于较低水平，且近 30% 的家庭表示亲子关系有所改善；大部分家长表示能够为孩子居家学习提供基本的支持，包括日常起居照料、硬件设施配备、学习环境营造、情感支撑等；超过一半的学生遇到学习困难时首选求助家长，尤其是低年级的学生。但对不同学段亲子冲突情况进行方差分析发现，小学低年级学生亲子冲突自评得分最高（16.64 分），其次是初中学生（16.08 分），且学段与亲子冲突情况之间存在显著差异性（见表 1）。

表 1 各学段学生亲子冲突情况

类型	亲子冲突得分	p	事后检验
小学低年级	16.64		
初中	16.08	0.000	1＞3＞2＞4＞5
小学高年级	15.54		
高中	14.64		

注：数据来源于深圳市教育科学研究院 2020 年"基础教育阶段线上教学质量评价调研报告"。

由表 1 可见，从学习者的亲子关系状态来看，亲子关系总体和谐，学段差异较为明显，亲子沟通质量仍待提升。

调查也显示，对于"除了上课还用电子设备做什么"，家长和学生的回答存在明显不同（见图 1）。

可见，在与学习相关的事情上（如做作业、查学习资料、找同学讨论学习问题等），学生所填写的比例要高于家长所认为的比例；而在一些娱乐项目上（如玩网络游戏、看短视频、与朋友闲聊等），家长所认为的比例高于学生所填写的比例，部分结果相差达 10%。通过对部分家长的访谈发现，不少家长会因"怀疑孩子在玩游戏"而跟孩子起言语上的冲突。除此之外，当家长被问到"学生居家学习的心理感受"时，大部分家长会选择"很珍惜孩子在家学习的机会""很欣慰因陪伴孩子而对其有了更多的了解"，但"急切盼望疫情结束让孩子返校复课"这一选项比例也很高。上述结果一方面体现出了家长对孩子居家学习的包

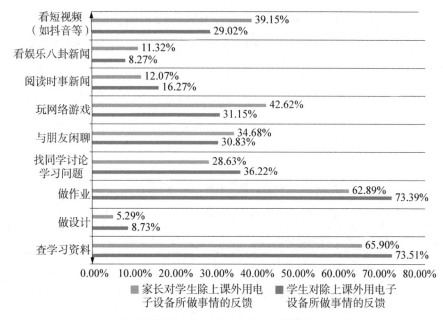

图1　除上课外学生使用电子设备所做事情的反馈情况

容，另一方面也体现了家长对这种"过分紧密的亲子距离"的不适应。

（二）教育者状态

1. **工作状态：预订教学任务能够基本完成，线上教学工作整体推进顺利**

调查显示，98%的学校表示线上教学和管理工作得以顺利推进，大部分教师表示基本能够完成预定的教学任务，且接近一半的教师对线上教学质量比较满意或者非常满意。在教师线上教学支持方面，大部分学校组织了丰富多样的线上教育教学培训，内容不仅涵盖硬件设备管理方面，还包括心理健康、线上教学技能、科研与教研活动等方面。而且，部分学校还组织教师开展了与贵州等帮扶单位的云教研活动，将培训成果辐射至教育资源贫困地区。

2. **心理状态：工作强度有所增加，压力来源更加多样**

70%的教师认为居家线上教学期间，其备课工作量和批改作业工作量有所增加，超过一半的教师认为工作量有较大幅度的增加；近 60%的教研员反映返校复课后，教师查漏补缺的工作量太大；近 80% 的教师表示，返校复课后，需要花费两周及以上的时间帮助学生复习巩固所学知识。在压力来源方面，教师在大部分教育教学、学生管理工作中都感受到较高强度的工作压力，且"学生知识掌握情况""学校防疫工作""教学方式转换"等成为新增压力源（见表 2）。

表 2　教师线上教学期间各类压力源比较

压力源	均值
学生知识掌握情况令人担忧	4.57
学校防疫工作压力变大	4.24
学生学习适应问题难解决	4.23
教学任务变重	4.18
教学方式转换难适应	3.47

注：数据来源于深圳市教育科学研究院 2020 年"基础教育阶段线上教学质量评价调研报告"。

可见，教师居家线上教学期间，工作强度有所增加，压力来源更加多样。

二、无奈之举：线上教学面临的现实困境

除却线上教学模式中各主体状态样貌不同之外，调研也发现，线上教学想要落到实处，成为常态教学模式，同样面临多重困境。

（一）教与学之间的"距离感"

众所周知，并非所有课程都适于线上方式，尤其是需要动手操作的课程与对情境依赖较强的学习内容，线上教学模式的"距离感"难以替代面对面教学所能给予学习者的真实情境感。而线上教学的开展也使传统的师生关系发生改变，强化了线上教学与生俱来的"距离感"。同时，

教师在线上教学过程中的主导地位被削弱，教师的线上教学"低效性"日益凸显。教师们普遍认为线上教学窄化了教师对学生的观察视角和了解层次，使得教师对学生学情的把握非常受限；并且，与传统面对面教学相比，线上教学方式存在更多的合作、交流、纪律维持等教学管理难题。对学生而言，线上学习过程中的主体地位难以充分发挥，学生在线学习的"低效性"逐渐加重。从调查结果来看，疫情期间线上教学对学生的心理影响程度较大，无形的距离感使得学习者容易产生学业倦怠、学习焦虑等不良情绪，学习者的积极性和主动性难以有效激发，师生之间难以形成相对高效、准确的信息反馈与交流，有效的线上教学存在较大瓶颈。

（二）学习过程中的"形式主义"

调查显示，认为教师组建的学习小组对自身学习帮助"比较大"或者"非常大"的学生不足一半，大部分学生觉得作用一般；教师们也普遍认为小组合作学习难以开展，难度均值达到 4.62，接近极端值 5。调研也发现，线上教学期间，一旦教师允许学生群体发言，评论区一片火热，但许多学生要么复制同伴的答案"刷屏"，要么说些与课程无关的话题，完全看不到课堂讨论、小组合作的场景。在传统的面对面教学中，教师可以通过对学生与小组加强监督、约束与激励，强化学生及小组的分工、合作与集体建构来深化学习效果，线上教学模式中的"远距离""低控制"在面对自制能力尚且不足的学生时，"浅表性"的状况就更加难以避免了。如何克服"形式主义"，使学习者主动"靠近"课堂，确实是线上教学所面临的一大困境。

（三）防不胜防的"科技异化"

当下，信息化之于教育的重要作用已在全球形成共识，我国更是在2018年提出要推动教育信息 2.0 建设，并将其作为加快实现教育现代化的有效途径。但如果对科技要素进行简单追求和数量叠加，往往会使原有教育体系中的顽疾得到加强和固化①，科技的发展如果伴随着人类片面的认识和狭隘的功利主义，就更加容易导致异化②。

调研发现，为了"方便"记笔记，有些学生在上课过程中会放弃原来的用纸笔记录笔记的"低效"方式，转而采用截图、录音、录屏等方式。尽管截取的方式更加便捷，但也容易养成学生的依赖心理和学习惰性，若在失去了课上的及时梳理与思考之后，再未辅之以课下的咀嚼与反思，许多课上所学的内容就会变成"过眼云烟""不走心"。与此同时，多样化的线上教学资源的汇聚，在大大拓宽教师、学生视野的同时，也让学生的专注力受到了较大的影响。隔着屏幕，绝大多数教师都感觉到师生互动与对学生课堂学习情况监控的困难；哪怕个别平台会自动监测学生的上课专注度，并且将异常情况及时反馈给任课老师，短期内学生可能因为感知到这种"额外关注"而认真听课，久而久之，实时互动机会不足与眼神、表情、肢体等交流渠道的缺乏，不仅让学生可能倍感无聊与厌烦，甚至引发抵触心理；而教师会因为过度依赖用机器管理学生，加重教学过程中的技术依赖性，实际课堂管理能力并未得到有效提高，甚至被弱化。此外，线上教学所带来的不仅仅是对学习者视力健康不可逆的损伤，还有对其心理健康的忽视。科技的发展本就是为了把人从繁重枯燥危险的工作中解放出来，利用科技去完成人不愿做和不能做的事③，在教育活动中，科技本应该帮助教师从烦琐的数据收集、流水式的作业批改这些机械性的工作中解放出来以更好地承担"育人"的职责，但实际上，很多教师却无意识地将自己从"育人"的工作中解放出来，将"不愿做"和"难做"的事情交给科技。例如，与线下的面对面教学不同，部分教师选择性地忽略学生的身心健康建设，甚至将德育工作的开展、体育活动的开展寄托于让学生自主观看视频来完成。育

① 祝新宇. 技术与教育：深度融合不是简单叠加［N/OL］. 光明日报，2020 - 04 - 13. http：// epaper. gmw. cn/gmrb/html/2019-04/09/nw. D110000gmrb _ 20190409 _ 1-14. htm.
② 李桂花. 科技异化与科技人化［J］. 哲学研究，2004（1）：83 - 87.
③ 赵勇. 智能机器时代的教育：方向与策略［J］. 教育研究，2020，41（3）：26 - 35.

人需要师生主体间的互动，科技的运用代替了这些互动，必将产生异化的影响。

三、"必由之路"：从"线下唯一"走向"双线融合"

调查显示，超过一半的教师、教研员和学校管理者均赞同"线上线下教育融合是未来一种趋势"；而不管是学生还是家长都更倾向于选择"在校学习为主，线上学习为辅"的教学模式，比例均在 60% 左右，倾向于"只在校学习"方式的仅占 35%。可见，大部分教育者群体认为线上线下教学"双线融合"的模式是教育教学发展的大势所趋，大部分受教育者认同线上教学方式作为线下教学方式的重要补充而常态化存在，秉持线下教学"唯一"模式的受教育者已经不足 40%。该项调查结果，一方面为我们在后疫情时代确认线下教学与线上教学之间的关系，确立"双线融合"模式的结构提供了重要的数据支撑与现实依据，另一方面也对教学政策的变革提出了要求。然而，线上教学从"无奈之举"走向"必由之路"无法一蹴而就，其路径需要我们从这场疫情之下，人类社会需共同面对的"线上教学试验"中去"窥豹一斑"。

（一）认知与确认：双线融合态势的发展指向与顶层设计

尽管疫情期间，大规模线上教学的"浪潮"看似已经过去，但"双线融合"的观念已然成为超过一半参与者的认知与期待，这就要求我们不能再仅仅将线上教学作为"一种利用互联网、仿照传统课堂所进行的教学延续"[1]，而要重新研判线上教学模式在未来教育教学模式中的角色、地位、功能与作用，确立"双线融合"作为传统教育教学模式变革方向与作为新教育政策改革指向的目标定位，进而在理论研究、现实实践、政策变革中，全面体现其本质和精髓，呼应并引导大众的认知与观念。

---

[1] 胡钦太. 促进在线教育健康良性发展的多维审视 [J]. 教育研究，2020，41 (8)：26 - 30.

（二）夯基与建筑：双线融合模式规模化开展的平台拓展与软件优化

现代社会，信息技术是增进教育平等还是拉大教育差距，由信息技术的使用者与受用者决定。政府是公共教育的提供者，也是教育公平的坚守者。因此，通过"夯实"线上教学的"地基"与"建设"线上教学资源的"大厦"，进而畅通内部路径，才能确保"双线融合"方式的高质与高效。其内容包括：一是构建"人人可得"，"人人能得"的线上教学规模化开展平台，确保每一个受教育者都能拥有进入平台学习的机会，防止"信息贫民"与"数字贫困"，缩小学生入学机会差距、学习过程质量差距与所获成长差距。二是多渠道开发、丰富、优化线上教学资源库，实现线上教学资源供给的公益、优质、亲民与便捷，发挥优化线上教学"补足"功能与"远距离"优势。其中，除去教学资料、工具等的开发与丰富外，还应特别重视线上教学师生交流互动、学生学习信息抓取与评价、即时反馈，甚至是个性化教学行为、学习行为提醒等功能软件的研发与运用，以规避线上教学强化"距离感""形式主义"与"科技异化"的弊端。三是构建资源共建、共享平台与机制。打通市域内甚至省域内区（县）间、学校间优质线上教学资源互通的平台与渠道，促进优质资源的流动。特别是，对信息技术掌握能力不足、教学质量较低、发展后劲不足的弱势学校，要构建线上教学帮扶机制，促进"双线融合"模式的校际实现与常态化。

（三）想用与会用：教育者双线教学的意愿引导与能力提升

教师是双线教学的主体。根据制度变迁理论，一项新制度能否代替旧制度，制度变迁主体是否具备运用新制度的意愿与能力起着决定性的作用。同样，以双线教学模式改变或取代现有的线下教学模式，同样是一项重大的教学制度变迁，教师作为制度变迁的主体，其动力与能力决定着双线教学模式的命运。一方面，加强对双线融合优势的宣传、介绍，使教师能够认识到双线融合教学模式已成为大部分受教育者认定的"未来教育样态"这一现实，主动转变观念，变被动执行为主动尝试；另一方面改进现有教师培训制度，融入双线教学工具、方法、策略等的理论知识与实操机会，加强对教师信息素养和课堂管理能力的培训，强化教师的"线上教学胜任力"①，充分利用教师智慧使单向、片状的教学呈现出网状、多面立体地支持学生高效学习，是双线融合教学模式真正进入实践阶段的重要前提。

（四）主动与行动：受教育者线上学习思维转型与行为优化

学生是学习的主体，相较于外部驱动型与功利型学习方式，内部驱动型与主动型学习方式更能激发学生的学习动机，强化学生的学习意志。相较于传统的线下教学，相较于由教师承担着现场的"监控者""管理者"角色的外部驱动型学习，双线融合教学模式更需要也更适合自律型、主动型的学生。双线融合教学模式的开展，要求学习者能够抵住网络的诱惑，专注于学习的任务，自主监控、自我提醒与自我管理；同时，需要学习者具备较强的网络信息检索、信息筛选、信息判断、使用信息进行决策的能力。中国教科院课题组的调查中也发现"从家长的角度看，65.45%的受访者认为自控力/自主学习能力是影响孩子在线学习效果最关键的因素，占比最大"②。因此，在进一步探索双线融合教学的课程结构，丰富双线融合教学的内容、活动与方法，帮助学生提高参与的意愿与兴趣的同时，激发当代青少年儿童作为信息时代原住民的优势，与家庭联合，鼓励学生借助信息化手段更新学习方式，变被动学习为主动学习，是双线融合模式能否成为有效学习方式的关键。

---

① 邱燕楠，李政涛. 从"在线教学胜任力"到"双线混融教学胜任力"［J］. 中国远程教育，2020（7）：7-15，76.

② 中国教科院课题组. 大规模在线教育的六点启示［J］. 基础教育论坛，2020（15）：1.

（五）牵引与助推：双线融合模式闭环运行与质量提升

评价既是行为的终结又是行为改进的起点。双线融合模式运行过程须以评价作为终点，评价的结果又是新一轮线上教学、管理行为的起点。双线融合模式下的学习过程，同样必须将即时性评价、学习状态监测与跟踪、学习结果监测与评价相结合，才能真正构建起学习过程的闭环，实现学习质量的提升。因此，基于信息化手段的运用与大数据监测及信息处理能力的提升，开发与丰富师生双线交流的平台、工具与手段，教与学过程跟踪与干预的手段，学习效果即时反馈的工具以及评价结果公布与使用的手段等也更加具有了紧迫性。

区域基础教育质量监测与评价体系构建策略思考*

肖　萍**

国家系列重磅文件《深化新时代评价改革总体方案》《义务教育质量评价指南》等为各级政府行政部门落实"健全质量评价监测体系，坚持和完善国家义务教育质量监测制度，强化过程性和发展性评价，建立监测平台，定期发布监测报告"① 提供了关键性的指引和依据。大量的调研发现，各级行政、督导、教研，各个层面都已开始重视监测与评价工作，开展了若干监测、评价、督导评估项目，每个项目能发挥一定的作用，但项目间的系统性、逻辑性、有序性较差，显现出项目繁杂、负担加重、效能较差等现象。究其原因，许多人对于教育质量等基本概念是朦胧、模糊的，对于监测与评价缺乏基本认知等。因此，探索区域基础教育监测与评价体系的建构路径，将十分必要和重要。

＊ 本文为广东省教育科学"十三五"规划 2020 年粤港澳大湾区国际教育示范区建设研究一般项目，"粤港澳大湾区义务教育质量监测与评价体系构建的福田案例研究"（课题批准号：2020WQYB081）研究成果之一。

＊＊ 肖萍，深圳市禹明督学工作室第一批成员，深圳市福田区基础教育质量监测中心主任，国家义务教育质量监测实施与操作指导专家，国家视导员，广东省基础教育质量监测项目组副组长，正高级教师，第二、第三、第四、第六、第七届深圳市督学，第一届深圳市教育督导评估专家库成员，深圳市首届义务教育质量监测督学工作室主持人（2019—2022 年）。

① 中共中央、国务院关于深化教育教学改革全面提高义务教育质量的意见［EB/OL］．（2019 - 06 - 23）［2023 - 12 - 20］．https：//www．gov．cn/gongbao/content/2019/content _ 5411564. htm.

一、厘清概念，奠定体系基础

1. 认识"教育质量"的多元性，打破"唯分数"评价机制

"比较"是人的天性，"排队"成为必然。分数是易于操作的量化指标，考试成绩也是容易比较的，于是教育质量往往被外化为"分数"。当教育质量只有"分数"一元化指标，那么"唯分数、唯升学"是无奈之举、权宜之计。

教育质量是指"教育水平高低和效果优劣的程度"，体现整个教育系统规模、结构和效益之间协调性，"最终体现在培养对象的质量上"，其"衡量标准是教育目的和各级各类学校的培养目标"。① 因此，教育质量至少包括三个层面：一是结果质量，即阶段教育最终效果的优劣，体现为以学生为中心的发展状况，学生在德智体美劳各方面的知识、能力、素养等水平，对社会的贡献等；二是过程质量，即教育过程的总体效能的高低，体现在手段、路径、方法和投入等方面，包括社会、学校、教师、家庭在人力、物力、财力等方面对教育的投入，以及教师、学生投入的时间、精力等，还包括学校、学生、教师、家庭、社会之间的互动关系等；三是结构质量，即可做教育工具事物的匹配度，体现在教育的硬、软件配备上，包括学位的配套、校园的建设、师资结构与水平、家庭与社会环境等。区域的基础教育质量绝不是简单以"中、高考分数"或"升学率"单一指标来衡量的。

因此，教育质量是多维度且参数权重可变的综合系统，教育质量的监测与评价体系应体现多元性。例如，福田区从 2011 年开始，基于"有学上"到"上好学"的基本思路，建构义务教育质量监测与评价体系，提出了"福田教育发展指数"，包含"学生的发展因素"和"影响学生发展的因素"两个层面的若干维度，后者包括"质量形成的过程与

---

① 顾明远. 教育大辞典［M］. 上海：上海教育出版社，1998.

成本"以及"影响学生成长的环境因素"。监测的结果反映学校在不同指标上的表现，"唯分数或升学"背景下的"优质学校"可能存在着"衰落"的短板，相反，有的"薄弱学校"呈现出"崛起"的希望。体系引领区域、学校、社会树立正确的质量观、评价观、人才观，朝着优质均衡高效方向发展，确保了良好区域的教育健康生态，2021年福田区荣获"中国公平教育百佳县市"第二名。

2. 明确"教育目标"的层次性，建立教育"边界"

"目标"决定了方向和行为。目标不明确，增加了盲目性。调研发现，许多人对于教育目标的描述晦涩，既有"五育并举"方向感，却又有目标"空洞""宽泛"的纠结，于是教育的"边界"难以界定，学校、家庭、社会对教育的焦虑不断演变，"内卷"的乱象丛生。

"教育目标"就是指所培养的人才应达到的标准，体现培养人的方向和规格，反映教育的具体而可观测的变化或进步。它包括四个层次，不同层面有不同的标准和要求。

第一层次是国家教育目标，即"培养什么人、怎样培养人、为谁培养人"，从不同角度反映国家政治、经济、文化、社会习俗、信仰等的特点，例如，"培养德智体美劳全面发展的社会主义事业接班人"等，一般体现在国家的教育文本和教育法令中。

第二层次是区域人才培养目标，体现国家教育目标前提下，区域特色的人才观和质量观。不同的区域有不同的产业结构、不同的人才需求。例如深圳属于高新科技发展产业集群，未来的建设者要具备更高的技术与创新发展素养，深圳市的基础教育应结合本地的高新科技资源与行业条件，实现国家课程属地化和校本化，培养具有高新技术与创新能力的基础劳动者。

第三层次是各级各类校的培养目标，可根据国家的教育目标制定的某级某类学校、某专业对人才培养的具体要求，是国家教育目标在不同地区、不同教育阶段、不同级别的学校、不同专业方向的具体化。例如大学的培养目标是：培养具有从事科学研究工作或担负专门技术工作初步能力的高级人才；不同地区的大学应有所侧重。中职、中小学、幼儿园不仅总的培养目标与大学不同，每个阶段也有所不同。中小学阶段要在道德品质、学业水平、身心健康、艺术修养、社会实践等方面达到一定的标准，如养成良好的学习习惯、学会一门乐器等。

第四层次是教师层面制定的教育教学目标，是前三个层次的目标在教学过程中的具体化，依据课程标准来制定，体现为学生在完成某一阶段的学习任务后应达到的要求或产生的变化，细化到每个课程、每个课堂、每个知识内容中，具体、可观察、可测量。例如小学阶段认识500个生字，学会10以内的加减法等。

因此教育质量的监测与评价，要基于每个层面的教育目标，寻找教育的边界、限制"过度教育"问题的发生、消解普遍存在的教育功利主义大潮、回归基础教育本位。体系建设不仅要关注目标的达成度，还需要关注目标达成的过程和效能。

3. 理解"监测与评价"的功能性，提升教育的"科学性"

"监测"与"检测"，"监测"与"评价"，"监测"与"中、高考"，"督导"与"评价"等概念容易混淆。区分这些概念的内涵与外延，可以提升监测与评价体系的聚焦度。

监测是"诊断仪"，评价是"指挥棒"。"监测"有过程性、跟踪性、持续性，具有诊断、激励、发展功能。评价是个"泛概念"，生活中处处有"评价"，体现着鉴别、诊断、激励、导向、监督、教育等多种功能。根据不同的分类标准，评价还有多种方式，例如，按性质分为表现性评价、过程性评价、发展性评价等。因此评价的作用与效能取决于对评价的内容、方式、工具、功能、种类等内涵的认识。监测的结果用于事实描述，评价则是价值判断，评价依赖于监测数据。科学的监测，可获取准确的数据，可作为政府决策、学校教育教学改进、家庭教育的依据。福田区从2011年开始参加国家义务教育监测项目，倡导"数据不是终点，而是教育发展的新起点"，不但突破以监测结果作为"评价"依据带来的纠结，而且以数据作为教育战略、策略调整的基础性的依据。例如，福田区基于监测数据分析，实行了"名校＋""智库＋""名企＋"等学校发展策略，启动了"城中村学校质量提升行动"等，监测结果又充分验证了行动效果[①]。

二、把握原则，锚定体系方向

区域基础教育质量监测与评价体系要关注教育质量的多元性和教育目标的层次性。体系建构应遵循以下几个基本的原则。

1. 匹配性原则

根据我国基础教育发展状况、人口流动趋势，基础教育培养的学生大部分留在或最终回归本地居住。区域基础教育首要的任务是立足为本地培养合格的居民和优秀的建设者，其次是选拔优秀的人才继续深造。由于每个区域教育目标与质量标准不同，基础不同，监测与评价的标准、内容、方法、工具也应不同。如深圳属于粤港澳大湾区和中国特色社会主义先行示范区，现有的基础教育发展水平与目标要求，教师结构、学校与学生的特征等与其他区域有许多不同，因此深圳市的基础教育监测与评价的体系应与"双区"发展相匹配。

2. 问题导向原则

区域教育的发展受制于基础和发展过程形成的问题。由于经济发展不平衡，资源拥有程度不同，不同的区域和学校存在不同的问题，即使是同一类型的问题，存在的严重程度也不尽相同，例如农村学校的"留守儿童"、城市学校的"随迁儿童"、教师的结构性缺编等问题。区域基础教育监测与评价体系，不仅要厘清问题，研究区域教育存在的共性和个性化问题、基础性和发展性问题的解决策略，合理设置监测与评价的目标，还要聚焦区域教育监测评价工作存在的问题，例如监测与评价的专业队伍力量、信息平台的建设等，找准关键发力点，着力完善体系建

---

① 田洪明，肖萍. 以教育质量监测推动区域教育治理现代化［J］. 教育家，2020（7）：48.

设，条件保障等，构建具有区域发展特色的教育监测评价体系。例如广东省从 2016 年开始，连续全覆盖参加国家义务教育质量监测，为此着手建立了从幼教到高中阶段的教育质量监测与评价体系，并将监测结果应用纳入政府履职考核系统。

3. 系统性原则

基础教育质量监测与评价涉及的主题、要素、内容繁多，体系构建要合理统筹兼顾。一是学段的统筹。要包括基础教育的所有学段，从幼儿园、中小学，到中职，甚至特殊学校，并考虑不同学段的共性和个性，保持一定的连贯性和系统性。二是内容的统筹。监测、评价、督导的内容有许多交叉之处，容易造成界限不清晰，例如中小学学业水平的监测、办学质量的评价，涉及学校、教师、学生、家长等各个层面，很容易出现多头采集数据，增加工作量。因此，体系构建要注重内容之间的包容性、异同性和操作性，统筹定量与定性、综合和专项、线上与线下、内部与外部等方式。三是过程的协同。监测与评价体系的实施涉及政府、教育行政、督导、教研等各个部门，体系运作的流畅性和效能取决于部门、单位之间的高度协同，因此要建立合理的分工和合作等体制机制。例如福田区的基础教育质量监测中心主任由分管教育的副区长担任，建立了行政、监测、督导、教研、学校"五位一体"的机制和"监测结果应用制度"，发挥了协同、协作、协调的作用。

4. 简易性原则

基础教育的监测与评价体系不是所有项目的简单叠加。一是结构要简单、明晰，逻辑关联要强；二是项目的实施要尽可能简便，常态化，避免多头性、重复性操作；三是建立健全教育大数据平台，利用物联网、大数据等技术，让采集的过程快捷、准确；采集的数据合理共享、安全使用；数据的统计和分析利用技术能够智能化。例如，区域教育的结构质量的常态化监测，许多涉及学校、教师、学生等一系列数据，可以从财政、人事、学籍系统中直接导入，不需要反复填写表格上交。

三、明晰结构，完善体系建设

区域基础教育质量监测与评价体系是区域教育发展的基础与骨架，体系结构要合理、逻辑自洽，运行要高效流畅。

1. 立意高远，具有前瞻性

区域教育质量监测与评价体系要紧密对接国家、省、市相关政策文件，区域基础教育发展规划等，依据教育发展、监测与评价发展的最新理论，始终将贯彻党的教育方针、国家教育事业发展战略、省市教育要求作为依据，真正做到在思想、方向以及行动上相统一。例如福田区委区政府贯彻"教者从优，优者从教"的理念，将福田最好的地块、最好的资源、最大笔的资金用在教育上。福田区的基础教育质量监测与评价体系，以"双区"深圳中心城区的功能为定位，瞄准新起点、新高度，率先提出建成四个示范区，以"国家义务教育质量监测结果应用示范区"的建设为引擎，发挥基础性、先导性、联动性和促进性的作用，推动"区域义务教育优质均衡发展""区域教育治理现代化""AI赋能教育发展"三个示范区的建设，努力为基础教育改革发展提供"福田方案"，树立"福田样板"。

2. 系统架构，富有逻辑性

区域教育质量监测与评价体系的核心包括"目标导航系统""过程监测系统""质量评价系统""督导运行系统"，分别发挥导航、体检、认证、动力作用。各系统从结果、过程、结构三个方面入手，设计一定时间内，区域发展、校（园）发展、教师发展、学生发展的目标导向等。根据目标和要求，构建一个全息扫描教育监测体系，全面把握和诊断区域教育质量，了解区域、学校、教师学生的发展状况，跟踪把握发展变化趋势。根据监测结果，合理运用，对区域、学校、教师和学生发展分别进行过程评价、增值评价、综合评价等。

例如福田区确立了"一核多辅"的监测工作体系和质量管理机制。

"核"即参加国家义务教育质量监测；"辅"则以国家义务教育质量监测结果为出发点，针对数据挖掘的问题，进行跟踪的个性化监测，包含省、市、区、校级的阶段性和过程性监测。"辅"是"核"的拓展与补充，并相互印证。从多角度、多途径进行诊断，搭建大数据平台，充分挖掘区域教育发展的密码；目前通过"监测到校"，开展了"基于监测结果的学校发展性评价"项目。

3. 体系运作，拥有流畅性

监测结果精准服务于行政的教育决策咨询、学校教育教学改进、学生个性化发展、家庭教育以及社会舆论导向。区域的基础教育质量监测与评价体系，需要建立协同规划、健全跨部门统筹协调，建立教育发展督导问责等机制，全方位协同推进教育现代化，形成全社会关心、支持和主动参与教育现代化建设的良好氛围。需要打造一个全方位智能化教育质量监测平台，可视化展示区域、学校的教育质量状况；培养一支具有先进测量理念、掌握先进技术的监测骨干队伍。例如福田区对行政干部、校长、教研员、责任督学等提出新的标准和要求，"有数据意识，才是合格的；利用数据思维去管理，才是优秀的"。这一举措改变了行政、教研、督导、校长等的管理方式，提升了决策的有效性、针对性，通过实施精准指导与督导，打通了监测结果应用的"最后一公里"。

深圳市委领导提出，谋教育就是谋发展，谋教育就是谋未来；提升深圳教育的质量，重点是要完善、优化、提升教育经费保障体系、校长教师发展体系、教育教学研究体系、监测督导评价体系"四个体系"。区域基础教育质量监测与评价体系是区域教育发展的重要一环，体系的架构不是简单的搬套、拼凑、一蹴而就的事情，需要反复打磨、反复论证，螺旋式推进。

（原载《中小学校长》2022 年 4 期）

新时代学校督导评估的问题分析与对策研究

——以深圳市办学水平评估和龙华区教学督导检查为例

叶志青[*]

　　督导评估一定程度上加强了各个学校的工作，呈现出专业性强、信息渠道多、结果有运用等特点，在促进学生的学习，推动学校教育教学改革的同时进一步提高了教育教学的质量。目前，各地区的学校教育督导评估正朝着标准化评估、基础性评估和发展性评价的改革方向良性发展。然而，由于教育督导制度形成较晚以及理论研究不足，不少地方的学校在督导评估中仍面临一些常见的理论性认识问题，这在一定程度上制约了学校督导评估的功能发挥和实践提升。2020年，《关于深化新时代教育督导体制机制改革的意见》指出，教育督导在评估组织机构、评估结果权威性和评估结果应用等方面仍然存在问题，甚至存在"不能适应新时代的教育改革发展"的问题。此外，还提出了"建立学校督导工作机制指导学校不断提高教育质量"的主要工作目标。2021年，国家印发并严格执行了《关于进一步减轻义务教育阶段学生作业负担和校外培训负担的意见》。"双减"政策背景下，提高教育质量成为学校亟待解决的重难点问题，如何督导学校不断提高教育质量也成为新时代教育督导工作的主要方向和重点内容。

---

[*]　叶志青，深圳市禹明督学工作室第一、二批成员，深圳市龙华高级中学民治校区校长，香港教育大学教育硕士研究生、湖南大学公共管理硕士，第五、第六届深圳市督学，第三届深圳市督导评估专家库成员，南粤优秀教育工作者，深圳市名校长，深圳市叶志青名校长工作室主持人，深圳市十佳校长。

一、学校督导评估存在主要问题及分析

（一）督导评估注重"督"不注重"导"

自 2017 年以来，笔者先后对 60 多所公民办中小学进行了办学水平评估、教学工作常规和教学管理常规专项督导评估。这些督导评估注重行政化督查，关注文件规定工作的落实情况。总体来看，学校的督导评估在督促督查各级各类学校落实教育的法律法规、教育的方针政策和规范办学行为等方面发挥了重要作用。通过评价学校教育质量、办学水平和办学特色，很大程度上促进了学校发展。绝大多数评估报告注重对学校教育亮点的评价，虽然也会指出各学校存在的问题并提出改进建议，但这部分篇幅简短。评估中发现的问题多为小问题，缺乏深层次的分析，解决措施多为治标而非治本。此外，改进意见在针对性、可行性、导向性和前瞻性方面存在不足，尤其在教师的"教"、学生的"学"和教学管理工作方面，缺少有针对性的理论指导和实践引导。

（二）督导评估注重"教"不注重"学"

深圳市龙华区中小学教学工作常规专项督导评估，设置了教学准备、教学实施、教学巩固和教学评价等 4 个一级指标以及 34 个二级指标。虽然在教师"教"的常规工作方面设定了大量指标，但在学生学习常规方面仅有课程、作业、辅导材料等三个指标。督导评估的初衷是通过加强教学的"教"来促进学生的"学"，但从检查评估的 11 所学校的实际效果来看，这一目标尚未实现。审视督导学校的种种做法发现，绝大多数学校主要关注课程、教师、教师的"教"以及硬件等外因，却忽视了学生的"学"这一内因，导致教育难以达到高水平发展的状态。此外，以教定教、以案定教的现象突出，教学过程中"学"的针对性和实效性不强，导致出现包括德育在内的质量问题，尤其是立德树人的质量问题。这体现在品德待优生、学习困难生较多，而高素质学生偏少。因此，在新时代的学校督导评估中，应从教育教学的科学性规律和艺术性创新方面，进一步加强"学"和"教"的督导。

（三）督导评估注重"管"不注重"理"

深圳市义务教育阶段办学水平评估的一级指标包括领导与管理、学校发展、课程与教学、教师发展和学生发展，共设有 15 个二级指标和 40 个三级指标。深圳市龙华区中小学教学管理常规专项督导评估，设置了课程管理、教学管理、教研管理和教师管理等四个一级指标、33 个二级指标。这两个督导评估指标体系以管理教师的"教"为重心和导向，未能适应教育治理能力和治理体系现代化的需要。这些评估体系一味加强对教师工作的"管"，而不能理顺教师"教"时存在的诸多问题，如满堂灌问题和应试教育问题。同时，也未能解决学生"学"时长期存在的诸多问题，如被动式学习、学习方式单一和学习困难。对于学生的问题，在强调"教"的同时未能注重"育"，在"管"的同时未能注重"理"的督导。

二、学校督导评估的督"学"策略实践探索

（一）树立具有"质量意识"和"问题意识"的发展导向

1. 明确教育质量导向

学校的办学水平评估和教学专项督导评估鲜有提及学校教育质量，尤其是学生学业成绩。学校管理者讳莫如深，老师们避而不谈，督学不闻不问。其实，2010 年制定的《国家中长期教育改革和发展规划纲要（2010—2020 年）》就明确提出了"提高质量"这一教育工作方针。2019 年印发的《中国教育现代化 2035》重申"提高教育质量"，提出要"发展中国特色世界先进水平的优质教育"。随后发布的《关于深化教育教学改革全面提高义务教育质量的意见》和《义务教育质量评价指南》，明确要求开展学校的办学质量评价和学生的发展质量评价，并把学生的发展质量评价结果作为学校的办学质量评价的重要依据之一。由此可

见，"提高教育质量"一直是国家教育政策明确规定的工作方针、重要内容和评价导向。新时代的学校教育督导评估应督促学校和广大教师树立教育质量意识，形成科学的教育质量观，采用正确的评价内容和评价方式，引导和促进每位学生德、智、体、美、劳全面发展，建立以发展学生素质为导向的、科学的教育质量评价体系。

2. 明察学生问题导向

学校督导评估通常会发挥诊断问题的功能，提出教师教育教学层面和学校管理层面存在的问题，并基于这些问题向学校和政府的教育主管部门提出相应建议。然而，缺少学生层面或从学生立场出发的问题和建议。事实上，学生问题才是学校办学和教育要解决的核心问题。教师教育教学和学校管理方面存在问题的解决，在某种意义上也是为了学生的发展，或者说是为了更好地解决学生存在的问题。学校督导评估首先要树立学生问题意识，找到学生发展中存在的问题，并结合学校实际深入剖析。基于学生问题和站在学生视角，提出学生发展建议、教师教育教学改进建议以及学校管理整改建议。

3. 明晰目标发展导向

学校督导评估诊断给出的整改建议通常是基于学校现实存在的问题，这是值得肯定的。一年后，一些督导评估还会进行复评，查看问题整改落实情况，这是值得倡导的。督导评估需要处理好教育的滞后性问题和前瞻性发展的关系，这就需要面向未来社会、面向教育现代化，从学生培养目标、学校发展定位、学校顶层设计等方面提出发展规划建议，尤其是对于民办学校的章程和规划，需要从政策性、科学性和时代性等方面树立目标导向，在确保办学方向正确的同时，尽可能给出学生作为未来人、学校作为未来学校的前瞻性和战略性目标的研判和评估。

（二）坚持把立德树人成效作为督导评估的根本标准

1. 把立德树人成效作为督导评估指标体系制定的根本标准

深圳市义务教育阶段办学水平评估、深圳市龙华区中小学教学工作常规和教学管理常规专项督导评估指标体系均未设置立德树人成效的专项指标或相关指标，这需要进行修订。立德树人是学校教育的根本任务。2018年习近平同志在与北京大学师生座谈会上强调，要把立德树人的成效作为检验学校一切工作的根本标准。类似办学水平等综合性督导评估应按照《义务教育质量评价指南》，从学校和学生两个层面进行评价。学生发展质量要从学生品德发展方面督导"立德"成效，从学业发展、身心发展、审美素养、劳动与社会实践等方面督导"树人"成效。即要对学生德智体美劳各方面的发展成效进行全面督导，全面督促各学校和广大教师落实立德树人这一教育的根本任务。

2. 把提高学生学习素养作为提高教育质量的主要途径

减轻义务教育阶段学生作业负担和校外培训负担的目的是学校教育由"育分"转变为"育人"，引导学生由"知识学习"转变为"素养学习"。为学而教是中国教学走向现代化的必然选择①。从学习发生机理视角看，学生的"学"是内因，内因决定质变；教师的"教"是外因，外因促进内因质变，因此"学"才是提高教学质量的关键。尊重学生的学习自主选择能极大发挥"学"的主观能动性。学生学习方式的转变需要学习方法的改变和选择、学习形式的重新选择，更需要学习目的导向的时代选择。学习不能以应试为主，而要追求高质高效，"质"体现在学生核心素养的发展水平上。学生核心素养的发展与学习息息相关，学习是发展各项素养的手段和途径，而学习素养则是主要变量②。在督导评估中应倡导培育学生学习素养，并坚持引导学生开展素养学习，以提高学生的学习质量，从而提升学校的教育质量。

3. 把以学定教作为新时代课堂教学改革的主要方向

教学分为"教"和"学"，可以细分为教的方法、教的形式、学的

① 安桂清. 以学习为中心的课例研究模式的构建与实践［J］. 全球教育展望，2019（10）：96 - 106.

② 叶志青. 基于"学养课堂"培育学生核心素养的实践与探究［J］. 教学管理与教育研究，2019（9）：111 - 112.

方法和学的形式。传统教学方式中，教的方法决定学的方法，教的形式决定学的形式，这已不能适应知识爆炸时代个性化发展的需求，更不能适应人工智能时代对创新人才发展的需求。要转变传统方式，应由学的方法和形式决定教学质量，以学定教，以学促教，使教法取决于学法，教的形式取决于学的形式，教案转变为学案或导学案①。以学生学的方式转变倒逼和倒推教师教的方式向"生本""学本"转变，实现学生全面发展和综合素养的提升。同时这也反过来促使教学内容、教学评价、教师队伍、学校制度、学校文化和办学硬件以学为本②，实现学校教育质量的提高。并进一步推进学的方式的转变。以新型评价为抓手，改变浅表化、被动式的学习模式成为迫切需求③。

（三）明确把督导评估作为学校治理的主体之一

1. 确立督学学校治理主体地位

"推进国家治理体系和治理能力现代化"是我国深化改革的总目标之一。教育治理是国家治理的重要组成部分。2019 年发布的《中国教育现代化 2035》提出要推进教育治理体系和治理能力现代化，形成全社会共同参与的教育治理新格局。学校治理是教育治理的关键部分，是教育治理的"最后一公里"。截至 2021 年 5 月，中国知网以"治理"为"关键词"搜索到 85 870 篇文献，其中"学校治理"相关文献有 432 篇。多数研究将政府作为外部治理的主体，也有将"上级教育行政部门进行监督的机制"作为内部治理的基础④。学校治理是在习近平治理理论指导下，学校、政府、家长、社区、社会组织联合起来，即学校教职工、学生、家长、政府机关工作人员、社区居民、教育方面的社会组织人

---

① 叶志青. 基于学生与学科的多样化"学本课堂"[J]. 人民教育，2019（12）：66-69.
② 叶志青. 基于教学方式转变的学本支持方案研究[J]. 天津教育，2020（2）：102-103.
③ 周文叶. 促进深度学习的表现性评价研究与实践[J]. 全球教育展望，2019（10）：85-95.
④ 庄西真. 论学校的治理[J]. 当代教育科学，2009（14）：2-7，12.

士、媒体人士等多方主体联合起来，对学生问题共治共理①。督导评估是政府的教育主管部门治理学校的一种有效方式方法，督导评估小组的督学受政府委托，代表政府对学校进行督导评估。因此，从学校外部治理的角度看，督导评估就是学校治理的主体之一。督学在评估过程中应树立治理主体意识，发挥治理主体的作用，承担治理主体的义务和责任。

2. 发挥督学学校治理主体作用

督导评估的督学应从专业视角注重解决学生发展和学校发展的顶层设计和长效机制问题，督促解决新时代学校教育管理向教育治理的转型问题，解决学校管理一直以管理教师的"教"为重心和导向的问题，以及重"管"轻"理"问题。问题解决的思路：理清同类问题→理解上位问题→理顺系统问题。尤其是对待学生问题，要切实发挥治理主体作用，督促广大教师在"教"的同时更注重"育"，"管"的同时更注重"理"。督导评估要站在儿童立场，理解分析并督促教师解决学生遇到的个性问题；站在研究角度，理清学校遇到的同类问题；从治标角度，解决教育系统的上位问题；从治本角度，理顺教育治理的系统问题。

3. 承担督学学校治理主体责任

2021年，国务院教育督导委员会印发了《教育督导问责办法》，其中第八条规定了对督学和教育督导机构工作人员的六种行为予以问责，包括玩忽职守、弄虚作假、滥用职权、发现问题而未提出整改意见等。这就要求督学在督导评估工作中切实承担应尽的义务和责任，防止不作为、乱作为、慢作为的现象。

综上所述，我国教育督导工作在取得明显进展和长足进步的同时，也存在一些问题。本文以深圳市办学水平评估和龙华区教学督导检查为

① 叶志青. 新时代教育治理转型的校本策略：以"学本治理"为例［J］. 中国教工，2019（7）：49.

例，阐述了新时代学校督导评估中存在的问题，并提出了督"学"的应对策略，以推进学校督导评估的过程性实践完善和学校督导评估的价值性理论研究。

（原载《教育界》2022 年 8 月）

新时代义务教育阶段民办学校综合评价的新探索

——基于实证的深圳市龙岗区民办学校办学水平评估体系

黄　映[*]

　　民办教育是社会主义教育事业的重要组成部分。截至 2020 年底，深圳市义务教育阶段民办学校共计 255 所，占全市含义务教育阶段学校总数的 33.6%；龙岗区义务教育阶段民办学校有 80 所，占全区义务教育阶段学校总数的 40%。从某种意义上说，民办教育质量的高低，直接决定着龙岗区乃至深圳市整体教育质量的高低。为贯彻落实中共中央、国务院印发的《深化新时代教育评价改革总体方案》和教育部等六部门印发的《义务教育质量评价指南》等文件精神，充分发挥教育评价"体检仪"和"指挥棒"的双重功能，龙岗区于 2020 年率先在深圳市实施义务教育阶段民办学校综合评价改革，自主开发研制了适合民办教育发展特点的评价标准体系，并制定了根据评价结果实施的一系列规范扶持配套政策。这一改革实现了以教育评价改革带动区域教育治理能力和治理水平提升的目的，有力推进了龙岗区教育整体高质量发展。

＊ 黄映，深圳市禹明督学工作室第一批成员，深圳市龙岗区教育督导室专职督学，第五、第六、第七届深圳市督学，深圳市优秀督学。

一、基本情况

（一）实施民办学校综合评价改革是全面推进龙岗教育优质均衡发展的战略举措

推进义务教育均衡发展是《义务教育法》《国家中长期教育改革和发展规划纲要（2010—2020 年）》《国务院关于印发深入推进义务教育均衡发展的意见》明确提出的法律规定和战略性任务。围绕"促进公平、提高质量"两大战略主题，国家分两个阶段推进义务教育均衡发展。第一阶段是推进义务教育基本均衡发展，截至 2020 年底，全国超过 97% 的区县通过了全国义务教育发展基本均衡县（区、市）验收，龙岗区于 2014 年以全省第二、全市第一的成绩通过全国义务教育发展基本均衡区验收。第二阶段是推进义务教育优质均衡发展，2019 年 10 月，教育部在浙江省海盐县召开全国县域义务教育优质均衡发展督导评估认定启动现场会，部署启动全国县域义务教育优质均衡发展督导评估认定工作，全面推动义务教育由"基本均衡"走向"优质均衡"。

龙岗区共有义务教育阶段学校 200 所、在校学生 34.07 万，其中民办学校 80 所、在校学生 15.48 万，民办学校及其在校学生数分别占全区总量的 40% 和 45%。提高区域民办学校的办学条件和办学质量，缩小公民办学校差距，让民办学校的学生享受与公办学校学生同样优质的教育服务，是政府应尽的教育职责。2020 年 11 月，龙岗区政府出台了推进义务教育优质均衡发展的工作方案，明确提出要以综合评价改革作为引擎，助推民办教育优质发展；同年 12 月，龙岗区政府制定了民办教育优质发展专项行动计划，进一步明确指出力争在三至五年内对全区所有民办学校开展一轮办学水平评估，以评促建、以评促进、以评促发展。

（二）传承和创新义务教育阶段学校办学水平评估切合龙岗教育发展的现实需要

2010 年，深圳市教育局和深圳市人民政府教育督导室推出了一项全新的评估项目——深圳市义务教育阶段学校办学水平评估。2011 年，该评估体系被立项为国家教育科研规划课题，课题名为"构建发达城市义务教育阶段学校办学水平评估体系研究——基于深圳市的经验"。深圳市义务教育阶段学校办学水平评估，是为了适应深圳市义务教育进入内涵发展阶段的新需要而提出的，是深圳市督导评估实现转型发展的重要途径，也是深圳市全面贯彻落实国家教育规划纲要、肩负起特区教育先行先试时代使命的重要举措。

根据《深圳市义务教育阶段学校办学水平评估实施意见》（深教规〔2011〕）精神，深圳市义务教育阶段学校办学水平评估的目的主要包括"开展统一督评，推动均衡发展""树立科学导向，促进内涵发展""强化办学监测，提供决策参考""创新督导模式，提升评价效能"等四个方面，其价值追求与龙岗区以教育评价为引擎推动民办教育高质量发展相契合。因此，在深圳市教育局着力推动民办学校办学水平评估的过程中，龙岗区教育局积极承担了评价指标研制和评价工具开发工作，并成为全市第一所试点评估工作的主要推动者。2020 年 11 月，深圳市教育局在龙岗区华升学校开展义务教育阶段民办学校办学水平试点评估，标志着深圳市义务教育阶段民办学校办学水平评估的启动。龙岗区教育局以深圳市义务教育阶段民办学校办学水平评估指标体系为基准，结合公办学校办学水平评估经验，对评估指标体系、评估组织流程和评估结果运用进行优化和再造，着力构建基于实证和数据的民办学校办学水平评估体系，旨在为深圳市全面推广民办学校办学水平评估工作提供先行示范。

二、主要做法

（一）细化指标体系

深圳市义务教育阶段民办学校办学水平评估指标体系"脱胎"于公办学校办学水平评估指标体系，从"领导与管理""课程与教学""教师发展""学生发展""学校发展"等五个方面对学校发展状况实施评价，体现了发展性、诊断性和内涵式的评价导向。龙岗区教育局秉承深圳市义务教育阶段民办学校办学水平评估指标体系的价值追求，结合当前教育发展趋势和龙岗区实际，对指标体系进行了细化：一是在指标内容上，将新时代国家的教育方针政策和前沿的教育理念融入现有评估指标体系中。例如，党组织建设及党的活动要求、"五项管理"要求、"双减"政策要求等均在指标体系中有所关注，体现了评价指标的时代性；二是在指标类别上，改变了以往公办学校指标体系以定性指标为主的做法，按照"能量化即量化"的原则推进。例如，在教育教学资源配置、师资队伍建设、教职工薪酬保障、学生学业发展水平及体质健康状况等方面，均参照国家和省对义务教育质量评价的相关要求，给予具体的量化评价标准，建立了以定量指标为主、定量和定性指标相结合的指标体系，体现了评价指标的科学性；三是评价办法上，为避免不同评价主体评价标准的差异性，新建了一套评分操作办法。该方法将每个三级指标细化为若干个观测要点，明确每个三级指标的核心观测要点，并根据观测要点的权重和达成度设定指标的等次，确保评价的公平公正。

（二）再造评估流程

秉承办学水平评估"尊重学校个性、关注纵向发展""突出学校主体、深入自评自诊"的原则，在"学校自评自诊—现场督评—整改回访"的评估流程的基础上，龙岗区教育局进行了再造和补充。一是新增学校自评自诊指导环节。由教育局组织资深督学队伍对学校自评自诊工作进行实地指导，通过政策宣讲、指标解读、案例分析、互动答疑等形式，指导学校理解办学水平评估目的与宗旨，明确自评自诊的内容与方法，建立自评自诊的路径与范式。自 2020 年试点评估以来，龙岗区教育局组织对 21 所受评学校开展了 42 场次实地指导。二是新增教学专项督导环节，坚持关注课堂、关注现状。在现场督评之前，组织各学科督学开展教学专项督导，让专业对口的学科督学对义务教育阶段所有学科、所有班级、所有教师进行一轮全覆盖的专项督导，并形成课程与教学的专项督导报告。自 2020 年试点评估以来，龙岗区教育局累计组织学科督学 462 人，对 21 所受评学校进行了教学专项督导，形成了 21 份专项督导报告。三是新增线上督评环节。依托龙岗区教育督导信息平台，建立民办学校办学水平评估专题模块，实现教育行政管理和教育督导评价数据互联互通。组织督评专家在现场督评前先开展线上督导，使每一位进入现场督评的专家都做到"心中有数"，增强现场督评的针对性和实效性。

（三）深化结果运用

抓实抓细办学水平评估结果运用，一是建立反馈诊断机制，发挥办学水平评估的发展性和诊断性功能，建立办学水平评估结果"1＋1＋2"反馈机制，即在反馈形式上，包括一套指标评分和一个总体报告；在反馈对象上，同时向受评学校和主管部门两个层面反馈。二是建立整改回访机制，将办学水平评估整改回访和责任督学日常督导结合起来，建立整改问题台账，强化责任督学对受评学校整改工作的跟进落实。三是建立激励问责机制，将办学水平评估纳入民办学校年检和年度考核。对于评估结果优异、整改工作落实到位的学校给予表扬和奖励，对于问题整改推进不力的学校给予问责。

三、主要创新

（一）评价内容凸显科学的教育发展观

龙岗区基于实证的民办学校办学水平评估内容（领导与管理、课程与教学、教师发展、学生发展、学校发展等五个方面）和教育部等六部门印发的《义务教育质量评价指南》中关于学校办学质量评价的重要内容（办学方向、课程教学、教师发展、学校管理、学生发展等五个方面）高度契合。两者都是以教育和学校发展的内在规律为立足点，旨在促进学校落实德智体美劳全面培养要求，深入实施素质教育，充分激发办学活力，不断提高办学水平和育人质量。评价内容着力克服"唯分数、唯升学"倾向，体现了党和国家的教育意志，保证了教育和学校正确的发展方向。

（二）评价方式注重结果评价与增值评价相结合

龙岗区基于实证的民办学校办学水平评估建立了以定量指标为主、定量和定性指标相结合的指标体系。其中，定量指标关注的是办学条件、资源配置以及教师、学生和学校发展的合格程度，定性指标则关注其发展水平和工作水平的进步程度。这样的评价体系既能帮助评价对象明确自身的发展定位，还能识别其发展短板，并清晰地指出具体的发展方向和路径。

（三）评价主体注重自我评价与外部评价相结合

龙岗区基于实证的民办学校办学水平评估强调"突出学校主体、深入自评自诊"的工作原则。龙岗区教育局研制了学校自评自诊工具包，制订了学校自评自诊工作指引，开展了学校自评自诊专项培训和实地视导，为学校自评自诊工作提供了充足的方法、工具和指导，充分发挥了学校在评价中的主体作用。同时，区教育局还组建了以学科骨干队伍、督学专家队伍、学生家长、社区代表等主体多元、统整优化、责任明晰、组织高效的外部评价工作体系。

（四）评价场域注重线上评价与线下评价相结合

龙岗区基于实证的民办学校办学水平评估依托区教育督导信息平台，建立并完善了各学校的常态化评价数据库和综合评价档案，实现了即时督导和实时监测预警功能。同时，通过实地调查、观察、访谈等方式，了解掌握学校的实际情况，确保评价真实全面、科学有效。

（五）评价结果彰显诊断改进功能

龙岗区基于实证的民办学校办学水平评估特别强化结果运用，建立并完善了评价结果运用的"诊断""整改"和"激励"机制。通过办学水平评估，指导学校改进教育教学和管理，实现全面育人、科学育人，提升办学治校和实施素质教育的能力；将办学水平评估结果作为对学校奖惩、政策支持、资源配置和考核校长的重要依据，有效发挥了评价的引导、诊断、改进和激励功能。

四、主要成效

2020—2023年，龙岗区已对67所民办学校组织开展了办学水平评估，所有受评学校在硬件设施、软件资源、办学条件和教育质量等各方面均显著改善和提升。

（一）立德树人根本任务全面落实

一是党的领导全面落实。据督导反馈，67所受评学校党的组织和党的工作全面覆盖，党组织负责人或代表进入学校的决策机构和监督机构，全面落实党组织与行政班子联席会议制度，党组织参与学校重大事项的决策。二是国家课程全面保障。据督导反馈，67所受评学校坚持

"五育并举"，全面开齐开足国家课程，不违规增减课时；重视思政学科建设，加强德育与学科课程的有机融合；按规定选用教科书及教辅资料，不违规引进境外课程或使用境外教材。三是学生品德素养全面提升。据督导反馈，67所受评学校学生均能树立正确的理想信念，理解并积极践行社会主义核心价值观；具有良好的行为习惯，举止文明，诚实守信，朴素节俭，与人为善，尊重他人；积极参与学校各类德育活动和社会公益活动，具有与年龄相适应的责任担当意识和行为。

（二）办学条件全面改善

一是校园环境全面改善。67所受评学校均以评估为契机，加大投入，努力改善校园环境。融美学校、爱华学校、才德学校、平南学校等43所学校对学校外墙、门厅连廊、校园文化等进行了改造和布置，校园面貌焕然一新。二是设施设备全面升级。各受评学校对照指标要求，积极添置和改造教育教学设施设备。据督导反馈，67所学校共计新建多功能报告厅27个、实验室43间、学生阅览室32间、电脑房47间，共计新增电脑6 200多台、图书50 000多册、多功能一体机600多台，各种教育教学资源配置均达到国家义务教育优质均衡督导评估验收标准。其中，沙湾实验学校、五联崇和学校、华德学校等37所学校对校园环境和设施设备进行了全面改造，整个学校由内而外全面升级。调查问卷显示，学生和家长对学校环境、教育教学设施设备满意度均超过95%。

（三）教师队伍持续优化

一是教师配比持续提升。据督导反馈，67所受评学校共计新聘各学科教师500余人，所有学校小学师生比均达1∶19、初中均达1∶13.5，艺术、体育和心理教师均按照全国义务教育优质均衡督导评估验收标准配备到位。二是教师学历水平持续提升。据督导反馈，67所受评学校专任教师持证率和学历达标率均达100%，小学老师的本科率达

90%、初中教师的本科率达 98%，初中专任教师中硕士研究生占比接近 2%。三是教师薪酬水平持续提升。据督导反馈，67 所受评学校教师工资待遇普遍提升 600 至 1 000 元不等，所有受评学校的教师薪酬标准均高于全市行业类别指导价。

（四）教育质量稳步提升

一是教师课堂教学优良率稳步提升。据同一所学校学科督导和办学水平评估实地督评统计，短短一个月的时间，67 所受评学校教师课堂教学优良率分别提升了 8%～15%。二是学生体质健康水平稳步提升。对比同一所学校受评前后两年的学生体质健康测试成绩发现，67 所受评学校的学生体质健康测试合格率平均提升了 2%、优良率分别提升了 5%～8%，进步程度显著高于全区平均水平。三是学生学业水平稳步提升。对比同一所学校受评前后两年的学生学业抽测成绩发现，67 所受评学校的学生在平均分、合格率以及进步率和优良率等方面均有显著提升。

新时代学校教育督导的几个新视角

蒋和勇[*]

教育督导是一项政府职能治理行为，是教育督导机关或人员依据国家的教育方针政策、法律法规对下级的教育工作进行的监督、检查、评估和指导。我们常见的教育督导，通常是在政府督导委员会（或督导室）的主导下，采取综合式或专项式的方式对学校办学进行综合水平评估或专项视导，并提供反馈。

自新中国建立以来，我国教育事业取得了快速且高质量的发展。教育督导在督促落实教育法律法规和教育方针政策、规范办学行为、提高教育质量等方面发挥了重要作用。2020 年，中共中央办公厅、国务院办公厅印发了《关于深化新时代教育督导体制机制改革的意见》，从督政、督学和评估监测三个方面对新时代教育督导工作提出了更高要求，明确指出"要基本建成全面覆盖、运转高效、结果权威、问责有力的中国特色社会主义教育督导体制机制"。按照这一目标，笔者认为，新时代下，无论从督学工作、督学队伍建设，还是督导评估的结果运用转化，都需要关注以下几个新视角。

---

* 蒋和勇，深圳市禹明督学工作室第二批成员，深圳市南山区前海创新教育集团港湾小学党支部书记、校长，获南京师范大学、香港教育大学双硕士学位，第四、五、六届深圳市南山区督学，南山区优秀督学。

一、引入"第三方"视角，建立"中立、权威、专业"的第三方教育督导及评估监测

"积极探索建立各级教育督导机构通过政府购买服务方式、委托第三方评估监测机构和社会组织开展教育评估监测的工作机制。"这是中共中央办公厅、国务院办公厅在《关于深化新时代教育督导体制机制改革的意见（2020）》第九条中的明确表述。实施第三方评估是充分提高行业评价反馈可信度的有效方式之一，在国际教育评价领域也是一种通行惯例，其人员的中立性和专业性，有助于科学、客观、公正、公平地评估和监测教育（学校办学）的发展现状，从而更好地促进政府对教育的宏观管理与决策的科学化和民主化。

为什么要提"第三方教育督导及评估监测"，其主要原因是可以规避评价方既是规则制定者、又是执行效能评判者的"双矛盾主体"问题，特别是在中国这样注重中庸、守道、和序的传统文化背景下的组织生态中，"运动员和裁判员集于一身"容易导致以下问题：一是不敢直面指出问题。特别是针对一些已经有一定社会影响力、被视为好学校（组织）的单位，督导人员往往采取"蜻蜓点水"的方式，无法起到很好的提醒、警醒甚至敲打的效果。二是好人主义心态影响结果表述。在"自己人、体系人、圈内人"的心理作用下，督导人员常常正式反馈时浮光掠影，而私下反馈时变相作为好意相送。为了不得罪人、维护面子、避免引起家长的负面想法，督导人员往往遵循这些行动准则，从而极大降低了教育督导的效用和结果运用。

要解决这个问题，最有效的办法就是积极培育、鼓励和正确运用第三方教育督导及评估监测，让专业的人员做专业的事，使专业的评估和判断发挥出"放大镜、杠杆、矫正器、催化剂"的作用。培育和运用好第三方教育督导及评估监测，必须重视第三方机构的自身建设：①第三方教育督导及评估监测，应树立"公益为主、适当取酬"的原则，坚守

教育服务的最大初衷，避免过度、显性的商业逐利行为和心态的渗入，以确保有效的中立立场。②第三方教育督导及评估监测需要建立一支专业、学科结构合理、经验丰富的队伍。决不能把第三方教育督导及评估监测降维为"退休俱乐部"，也不能变成几个主要权威影响力拉起来的临时队伍。政府需要有效指导建立第三方教育督导及评估监测的入门考核、持证、定期核验等机制，严格管理进入和退出机制，让进入这个行业的专业人员有事业心，愿意长期从事这一工作并进行持续的研究和创新。③可探索结合廉政治理思维，建立第三方教育督导及评估监测人员"宣誓制度"和"失信惩处黑名单制度"，严格准入及退出机制。政府督导室可以主导对第三方教育督导评估机构进行年度考核，按照赋分划定等级等。④重视问题反馈的"再询证"制度。唯——次或单方的第三方教育督导及评估监测也不能做到尽善尽美和绝对正确。在"问题反馈"阶段，应当保护和尊重被评估对象（组织）的申述或质疑，可以采取"再询证"或二次"人员回避式的评估督导"进行深入了解和比对，使评估的结果和建议更贴近真实情境，更容易被评估方接受。

自 2020 年《关于深化新时代教育督导体制机制改革的意见》颁布实施以来，已经有部分地方政府和教育部门积极主动地探索"第三方教育督导评估"机制。他们主动约请非本教育系统的高校专家、政府专职督学、学科特级高级教师、社会知名人士以及部分退休校长、教研员等组成专家队伍，对地区或学校进行综合性督导评估，其结果也得到了被评估方的广泛认可和接受。展望教育的未来，政府购买服务并委托第三方进行教育督导评估，是促进教育公平、加快推进教育治理体系和治理能力现代化的重要举措和必然趋势。在笔者看来，要做好这项长期工程，以下三个方面应予以重点考虑。

一是督政方面。新时代的第三方教育督导和评估，不但要"维下"，还要"维上"，主要依靠教育部颁布的《义务教育质量评价指南》，以及特殊教育、职业教育、普通高中和幼儿园等办学质量评价指南作为参照，通过量化打分，找出优势区域和瓶颈问题，并提出政策建议。

二是督学方面。新时代的第三方教育督导和评估，对于学校办学主体而言是教育督导与评估的主要部分，应参照教育部发布的各类办学质量评价指南，科学规范地组织视导。这里特别强调两点：一是避免作假。不能以听取汇报代替评估，要全范围、全覆盖、多类别地展开访谈和核验，特别是与学生、老师和家长进行深度交流，才能发现真问题。二是引入"绩效"标准。对于学校投资投入的项目，不能只看"有和无"，更要看"是否正确使用"，以及是否"全员公平地服务教育教学"等。要极力纠正超大投入、浪费闲置等现实问题。

三是评估监测方面。新时代的第三方教育督导和评估，从学科教学而言，也需要通过评估考试掌握一定的数据。第三方教育督导评估应建立"考试院"，组织专业人员与市区局教研室、高校学科教学教授等定期开展教研和资源共享，针对各类层级的学校编制"五育并举"的真实问卷和试题库。特别是学科考试方面，第三方考试院一定要紧密关注国内外学科知识图谱的评测工具的运用，通过这类动态的 AI 智能数据分析，形成学力诊断报告，从而指导一线的教育教学和学生自我学习。

二、重视"儿童立场"视角，营造"看得见、摸得着、听得到"的儿童生命场

著名教育学家成尚荣先生有一句话，"儿童研究是教育研究的母题，儿童立场是教育的基本立场"。笔者很喜欢这句话，因此带着强烈的情感去践行和落实"儿童立场"办学，并据此学习、观摩、审视其他校园，查看同仁的办学行为。也于此，我有了一个自我的内心判断——一所时刻体现"儿童立场"的学校，一定是一所好学校。

何谓"儿童立场"？这是一个复杂的命题。在一所学校，儿童是我们的办学对象、出发点、服务主体，也是成效的体现方之一，立场则是我们完成一项工作（项目）所秉持的观点、准则、价值观和操守，在我看来，"儿童立场"就是"一切为了儿童，为了儿童的一切，为了一切

儿童"。如果这样解释，我们所秉持认可的"儿童立场"就与宋庆龄先生的倡导和理念曲径相通了。

办一所学校，特别是像幼儿园、义务教育阶段这类受教育者心智和体魄都还处于尚未发育健全的学校，重视和落实好"儿童立场"非常重要。

（一）立"儿童立场"的教育价值和准则

除了上级的授权和办学使命之外，学校还需要成套建制的《办学章程》《学校制度》以及按照制度实际运行的议事规则。"儿童立场"要贯穿于这些体系制度之中，成为贯通上下的灵魂和定海神针，时刻提醒我们不要因为功利角逐而牺牲儿童的天然权利；提醒我们不要因为传统文化中的某些观点而在保护儿童天性自然方面犹豫不决；更是在提醒我们不要因为应试竞争而放弃在课堂上激发孩子的思维和保护他们的好奇心与兴趣，硬生生将学生逼入冰冷的赛道。例如一个学校的学生管理制度，是激励为主还是惩戒为主，其实背后反映的是与"儿童立场"是否相违背的管理哲学。

（二）育"儿童立场"的课程体系

课程是儿童成长的学习内容和场域，常被比喻为他们的"跑道"。儿童一年又一年的学习和成长，就好比在"跑道上"一圈比一圈更大地"奔跑"。奔跑过程中的所学所知和所行，就是课程。因此，我们有必要审慎检视一所学校的课程体系是否符合以下三个标准：即"是否基于儿童而设计，是否具备连贯性和体系性，儿童在课程中的参与程度如何"。我们绝不能只为了达到课程建设中的一个点而临时组织一次"活动"，美其名曰"课程"。这种活动一过，参与者寥寥、学生知晓者寥寥，学生爱好者更是寥寥可数，这样的"课程"不符合"儿童立场"。此外，当我们设立某个活动或引入一个项目时，是否会主动考虑听取孩子们的建议？孩子们是否有足够的机会表达他们的想法，并被倾听到？一所学校的校长对于孩子们的建议是否很公平地对待、对话和反馈，而不是选择性地采纳？真实体现"儿童立场"的课程，一定是富有生命关怀和成长关注的。从幼儿园到小学（1—6 年级）再到初中，是一个连贯且递进成长的体系，学生（儿童）的建议，无论在校园文化还是师生关系中，都应被尊重、研究和采纳，并让学生喜欢。

（三）建"儿童立场"的生长环境

儿童天然需要更多的保护、关注和鼓励，学校和家庭必须努力营造一个安全、舒适、符合身心健康的成长环境。于学校而言，至少要做到"两个做到"：一是全校范围内的"无障碍环境建设"要做到。无论哪一位儿童，在校园里都必须享受到安全的保护，设施、通道、楼梯和座椅，确保校园实现"无障碍"。二是全校校园文化的"儿童关爱"要做到。在校园里，我们要张贴儿童听得懂、看得明白的宣传画和标语，各个主题区域的设计和呈现也要符合儿童的身心和兴趣，而不是"成人的替代品"。我们要把校园办成儿童喜欢的乐园、博物园和社会园。让他们不脱离自然、文化与社会。在校园里，他们可以接受社会规则的教育，学习交通、法律和社会公德秩序……而这一切都要靠"儿童立场"的校园文创品（园）来实现。因此，去学校做督导评估，查看这所学校是否呈现出足够的天然童趣，就可以很好地反映这一点。

（四）承载好"儿童立场"的融合教育

每个儿童都是一个独特的个体，身心障碍或肢体残缺的儿童应成为学校教育中被特殊关爱的个体。现实生活中，我们确实看到不少学校有特殊儿童的身影，这类群体急需得到更多的关注、理解和包容。在国家制定的《"十四五"特殊教育发展提升行动计划》中，明确提出"遵循特殊教育规律，以适宜融合为目标，按照拓展学段服务、推进融合教育、提升支撑能力的基本思路，加快健全特殊教育体系……"可见，融合教育会成为未来义务教育阶段的必然课题和承载使命。每一所学校、每一位教育者，都应秉持爱的内心，以公平、平等的态度对待每一个儿童，特别是特殊儿童，促其健康成长，保护其悦纳与适应能力。

"儿童立场"绝不是一句空话，更不是一种浮于表面、应付敷衍的口头语。它是一种生命价值观，一种承载着儿童成长具象的载体，是一个充满了生命力量的场域。教育督导与评估关注"儿童立场"，其本质上就是在关注儿童全体，上述四点可以作为观察的切入点。

三、坚守"五育并举"视角，处理好"德智体美劳全面发展、个性特色鲜明"的办学关系

党对每一所学校的办学使命要求可以凝聚为一句话"为党育人，为国育才"，具体体现就是"立德树人，培养德智体美劳全面发展的社会主义建设者和接班人"。由此可见，德智体美劳"五育并举"是党和国家对各类学校办学的基本要求。

"五育并举"意味着德智体美劳是一个浑然一体、缺一不可、不可偏废的整体，这是每个学校都必须认真抓、认真培养的部分，不存在好与坏、多与少、做与不做的问题。在"德智体美劳"五个培育中，缺少任何一个，都是重大的教育欠缺，都不能称为一所完整意义上的好学校。这一点应成为我们新时代教育督导与评估监测的基本常识和共识。每次学校督导，都不能简单停留在现有的指标体系上，要关注"五育并举"的真实情况。

"五育并举"是否意味着"平均用力"？答案是否定的。每所学校要实现办学效益最大化，必须结合学校校情、周边资源、历史文化等多个因素，这些因素的不同组合必然构成学校的不同特色。倡导"办学特色和个性化"有利于我们集中力量和优势办大事、结成果、聚效应。举个例子，对于农村学校而言，可能在劳动教育方面比城市学校具备天然的绝对优势，在开展体育教育方面也不比城市学校差，这就要求我们农村学校不要一味地跟着比拼考试成绩，而是要善于转化为有利于自己的赛

道。我们可以积极融合学校周边的种植、养殖、培植等优质资源，将劳动教育做足、做全、做成体系；同样，农村的孩子体质强、爱运动，在培育体育优势项目和开展全校体育锻炼上也具备绝对的优势，我们就可以在确保安全的基础上，创设性地开展"短中长结合的长跑、各类投掷跳跃、攀爬跳远"等体育技能训练，包括举办富有童趣和农村气息的运动会。

充分发挥教育督导与评估检测的反馈功能，可以有效指导学校在实际办学行为中兼顾好德智体美劳的课程分布，指导教师队伍强化未来终身和纵深学习的知识短板补齐，同时，这也能兼顾到不同学生的不同学力需求、爱好需求和潜能特长的发挥，有利于每个孩子尽可能完整而适合地成长，并为今后以"知识＋兴趣"打底的生涯职业规划和专业发展打下坚实的基础，助力国家选才用才。

新时代，教育高质量发展呼唤教育系统全方位的变革和创新。教育督导和评估监测是确保教育高质量的有效杠杆，为学校树立了良好的"第三方"视角、"儿童立场"视角和"五育并举"视角，这些视角在最大层面上促进了教育基本盘的建设，体现了我国教育事业"公正、公平、均衡、优质"的发展导向。未来，我们生活在一个国际文化交流共融的地球村和大舞台上，许多新兴科技和技术已经对教育领域的变革吹响了冲锋号，比如未来的人工智能发展与教育，就是一个不可回避的重要话题。当然我们也需要关注教育领域中"女性及弱势群体的教育权益保护"，关注文化价值观在当下多元文化交流中的传承与融合以及高质量教育发展中"质与量"的关系。另外，大数据评级的结果运用与分析反馈也是我们需要深入研究的重要议题。

中小学如何加强国家安全教育

——在第11届深港校长论坛上的专题发言

黄宇慧[*]

国家安全教育是一个系统工程，它事关国家安危、民族存亡、社会治安和人民福祉，以及个人发展。国家安全的保障，有赖于党的领导和政府的治理，有赖于全体国民国家安全意识和保卫国家能力的提高。其中，开展优质的中小学生国家安全教育是整个系统工程的重要基础。

在学校加强国家安全教育，是贯彻总体国家安全观的应有之义，也是全面落实立德树人的根本任务、大力培养担当民族复兴重任的时代新人的必然要求。因此国家安全教育意义重大。

学校如何加强国家安全教育？2020年9月教育部出台的《大中小学国家安全教育指导纲要》（以下简称《纲要》）成为学校开展国家安全教育的根本指引。《纲要》规定，在小学阶段，重点围绕建立国家概念，启蒙国家安全意识，感受个人生活与国家安全的密切联系，初步掌握国家安全的基本常识开展安全教育；中学阶段，重点围绕认识个人与国家的关系，增强国家安全意识，理解国家安全是个人幸福和社会进步的基础保障，增强维护国家安全的自觉性和使命感，掌握总体国家安全观的基本内涵开展安全教育。

---

[*] 黄宇慧，深圳市禹明督学工作室第二批成员，深圳市外国语学校集团龙华学校党总支书记，正高级教师，第二届深圳市督导评估专家库成员，深圳市十佳校长、深圳市龙华区名校长。

学校在具体实践中，需要考虑中小学生的身心发展水平，并结合学科教学特点，创造性地进行国家安全教育。

第一，对于低年级学生，重视利用语文识字课（或书法课）培养学生的国家意识和家国情怀。我们的祖先在造字时就体现出家国意识，如汉字"国（國）"字的组成，有外面一个大"口"和里面一个小"口"，外面的大"口"，代表国家的边界与疆域；里面的小"口"，代表人口与百姓；而"一"，则表示土地。此外，还要执有"戈"（武器）的军队来保卫国土、人民与边疆。通过汉字的识字和书写教育，学生可以自然感悟到国家、人民、国土、疆域、国防等与国家安全相关的概念。例如，安全的"安"是会意字，指的是"女坐室内"，意味着舒适、稳妥、没有危险。在课堂上，可以让学生讨论"国家安全"对国土、人民、疆域的重要意义。许多汉字都可在日常的教学中有效地进行国家安全教育。

第二，重视语文、道德与法治、思想政治、历史、地理等学科的人文教育（价值观），以培养学生对国家、民族和人民的认同感。历史是培养学生人生观、价值观的重要学科，通过学习历史课本中的爱国人物、英雄人物的故事，能够在学生内心世界留下深深的烙印，正确的历史观也引领着国家的发展方向。例如：在学习历史人物林则徐的故事时，学生可以了解虎门销烟的壮举，领悟到人民利益与国家利益的重要性，林则徐坚定不移的爱国精神和优秀的民族气节也会成为学生的榜样。又如，通过学习郑成功的故事，学生认识到台湾从古至今都是中国不可分割的领土，进而理解领土完整、祖国统一的重要意义。具有正确历史观的学生，从内心深处会认同中国这个国家和中华民族，感觉自己是其中的一分子，对国家富强深感荣光与自豪，始终做到与国家荣辱与共。这种认同感使得爱国情感自然而生，爱国主义意识开始萌芽。因为爱这个国家，学生会自觉关注国家的安危。香港的"占中事件"从反面说明了青少年正确的历史观和国家认同对国家安全的重要性。

第三，重视音乐、舞蹈、美术等美育学科在国家安全教育中的重大影响力。《义勇军进行曲》《我的祖国》《中国人民解放军军歌》《英雄赞歌》《中国、中国，鲜红的太阳永不落》《少年，少年，祖国的春天》《东方之珠》《爱我中华》等一大批脍炙人口的正能量歌曲，可以滋润熏陶青少年幼小的心灵，如果再配以优美动人的舞蹈和波澜壮阔的视频画卷，必能进一步培养他们对祖国和人民的热爱，激发青少年蓬勃的爱国情感，当国家遭受外敌入侵之时，这些青少年长大后定会挺身而出，保家卫国。

第四，要重视利用时事政治、国际事件以及国家重大科学技术进步（如农业技术、北斗导航、太空实验室、超音速导弹和 5G 技术）等重大事件（难得机遇），深入开展国家安全教育。例如，我国防疫成功的事实，彰显了社会主义制度的优越性和国家治理能力的强大。同时，外国感染新冠和死亡人数，也警醒我们维护国家生物安全的紧迫性；美国对中国发起的贸易战和对华为公司的打压，则提醒我们发展高新技术对国家粮食安全、经济安全、科技安全、军事安全和信息安全的重要性。

第五，在学校中，实施和评价国家安全教育的责任当然落在全体教师身上。因此，学校的党政领导必须充分重视国家安全教育工作的极端重要性，有效利用线上线下的各类安全教育资源，重视并加强教师的培训工作，包括提升教师对国家安全的自觉意识，全面提高每位教师对总体国家安全观的认识与能力，并研究科学评价教师国家安全教育意识与能力的方法。

以职业生涯规划为引领的
教师专业发展量化研究

席春玲*

在中小学的督导工作中，教师的专业发展是十分重要的一环。深圳市近年来建设了许多新学校，招聘了大量应届毕业生作为新教师，教师的专业发展和职业生涯规划成为所有教师普遍关注的重要议题。

量化研究主要通过问卷形式进行，问卷设计从职业发展和生涯规划的视角出发，特别关注教师这一职业的特殊性，具体包括教师个人基本信息、教师职业发展现状、教育教学热情、职业岗位变动与学历提升、教师专业能力的自我认知与提升、教师职业生涯发展定位与职业目标、教师职业发展需求以及教师专业发展的阅读等方面内容。

一、关于问卷设计与数据整体情况

问卷设计是从职业发展和生涯规划的视角出发，特别关注教师这一职业的特殊性，基本问题涵盖教师个人基本信息、教师职业发展现状、教育教学热情、职业岗位变动与学历提升、教师专业能力的自我认知与提升、教师职业生涯发展定位与职业目标、教师职业发展需求和教师专业发展（阅读）等方面。

---

* 席春玲，深圳市禹明督学工作室第二批成员，深圳市龙华区教科院国际教育中心负责人，研究员，教育学博士，硕士生导师，第七届深圳市督学。

（一）调查学校样本与教师个人基本信息

调查对象为广东省基础教育教研基地（龙华）项目①的 13 所学校，包括普通高中 1 所，九年一贯制学校 9 所和小学 3 所，全部为公办学校。每所学校问卷参与率相当，共回收 1 291 份问卷，样本量在项目校中分布合理。数据显示，问卷人数中女性教师占 77.23%，男性教师占 22.77%，女性教师明显多于男性教师，基本符合目前国内城市学校教师的性别比。

关于教师是否毕业于师范类院校的调查结果显示，龙华区大部分教师毕业于师范院校（占 64.6%）。尽管近年来龙华区在新教师招聘方面逐渐打破了师范院校为主的惯例，但从入职后教师的比例来看，仍有约三分之二的教师毕业于师范院校。可见，龙华区中小学教师队伍还是以师范院校毕业生为主体，非师范生作为补充。根据数据调查结果对教师职业选择的因素进行分析，发现受家人、朋友、曾经遇到的老师以及喜欢孩子等因素的比例高达 80.79%。在从教生涯中，对其教育理念改变最大的是曾经的老师、同事和学生，占比 95.36%（见图 1）。这表明身边的人和环境对教师职业选择产生了重要影响。

关于教师年龄分布，35 岁以下的占 69.4%；35～45 岁间的人数占 23.86%。46 岁及以上的人数仅占 6.74%，这表明教师队伍年轻化，且以 35 岁以下青年教师为主，占据近七成。这一现象启示我们，在教师培训和职业发展引导方面，应重点关注 35 岁以下青年教师的发展诉求，因为他们是未来龙华区教师队伍的主力军。关于从教时间，教龄在 5 年以内的人数有 663 人，占 51.36%；教龄在 6～15 年之间的教师占 28.27%；教龄在 16～25 年的占 20%，教龄在 26 年以上的人数占 5%。尽管教龄在 16 年以上的教师只占约五分之一，但他们在培养青年教师、

---

① 广东省第一批（2021）基础教育教研基地（龙华）项目中子项目"以职业生涯规划为引领的教师专业发展研究"。

您选择做教师的起因：

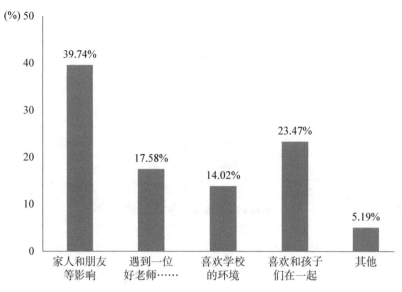

图1 影响教师职业选择的因素

涵养学校文化、发挥示范带头作用方面具有重要的榜样作用。因此，应充分利用好这部分宝贵的教师资源。在专业技术职称方面，一半以上的教师是初级教师（51.59%），中级教师次之，占38.88%。高级教师仅占9.53%。这一分布与教师队伍的年龄结构有一定相关性。另外，教师每周花在教学及备课上的时间分布显示，在5课时以下的教师占47.95%。6—10课时的教师次之，占42.53%，这表明教师的备课时间总体处于一个合适的区间（见图2）。

（二）关于教师的工作职责与职业发展现状

从任教学段来看，任教学段为小学的教师最多，占68.16%；初中次之，为26.80%。这一数据和项目学校的选择有关，因为高中学校只选取了一所，而小学和九年一贯制学校中包含小学段的比例较高。从任教学科大类分布来看，语数外等基础学科的教师占比最高，为64.76%；音乐、美术、体育、健康等学科教师占17.51%；理化生占您每天花费在教学及备课上的时间大约多久？

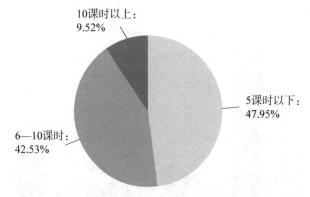

图 2　教师花费在教学及备课上的时间分布

12.00%（这一点可能与参加问卷的高中学校数量偏少有关），小学科学和科技辅导教师占 3.49%，心理健康教育与咨询类教师占比不到 2%，综合实践活动和劳动教育教师占比不到 1%。从主要工作职责来看，纯学科教学教师占 42%，学科教师兼任班主任的占 34%。有担任班主任或副班主任经历的占一半以上（59%）。这表明大部分教师有担任班主任经历。在本职工作之外，担任过社团指导教师的人数占比最多，为78.39%。担任过少先队辅导员的次之，占 21.77%。这表明除本职工作外，大部分教师还担任了其他活动的指导教师（见图 3）。社团指导也是教师专业发展的一个重要方面，值得关注。这既是教师发挥个人特长的场所，也是差异性最大的领域之一。因此，对社团指导教师的发展需要进行深入研究和指导。

（三）关于教师的教育教学热情

教育教学的热情是教师专业发展和职业生涯道路上的关键影响因素。目前，有很大一部分教师对教学的热情始终如一，占 63.83%；而有职业倦怠和热情日渐减少的教师占 36.17%（见图 4）。这表明有部分教师对教学的热情不如从前。其中，从职称来看，对教学热情日渐减少

您是否担任过:

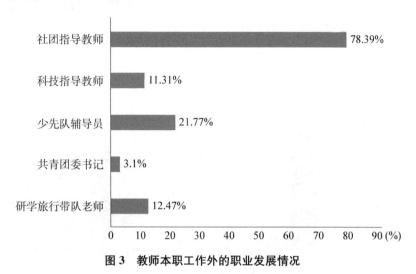

图 3 教师本职工作外的职业发展情况

和有职业倦怠的教师差异并不显著，初级、中级和高级三个级别的专业
职称和年龄有一定的相关性，可以推测年龄与教学热情的相关性也不
大。这意味着教学热情的变化可能更多地与其他因素相关，而非年龄或
职称的单一影响。

您认为自己的教学热情是:

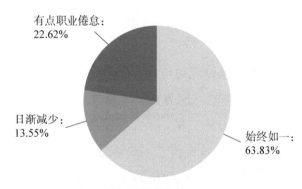

图 4 教师的教学热情

从性别来看，女教师的职业倦怠高于男教师，分别为 24.47% 和

16.33%。在教学热情方面，男教师始终保持热情的占 74.49%，而女教师为 60.68%（见图 5）。这表明教师在教学热情方面存在性别差异，这一点在今后需要进一步关注。

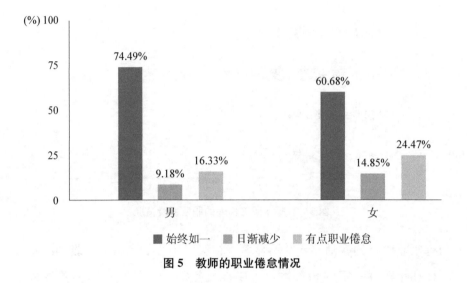

图 5　教师的职业倦怠情况

认为能够胜任本职工作的人数高达 96.82%。对自己有清晰认识的人数占 92.49%，这表明绝大部分教师的自我定位足够清晰，具备良好的职业生涯规划基础。根据交叉分析数据，对自己认识不足的教师群体（7.51%）和认为无法胜任本职工作的教师群体（3.18%）中，绝大部分为教龄 5 年以内且职称为初、中级的教师。

（四）关于职业岗位变动与学历提升

在工作岗位变动的意愿方面，愿意接受工作岗位变动的比例高达 75.14%，根据交叉分析数据，工作经验在 5 年以内的教师最愿意接受岗位变动，占 39.66%，工作 6～15 年的次之，约 22%。在学历提升方面，近三年计划提高学历或学位的教师占 35.94%。在 1 291 位教师的调查数据中，有三分之一的教师有提升学历的要求。在座谈中，部分工作 8～10 年的教师有提升学历的计划。他们大多来自外地，对广东省高校关于在职攻读硕士和博士学位的情况不是很了解，迫切需要区教育研究机构提供更多支持。为此，课题组联系了高校的相关教授，为这些教师提供了有针对性的指导。根据交叉分析的数据，计划提高学历的教师中，35 岁以下占 38.62%，36～45 岁占 36.36%，而 46～55 岁仅占 7.23%，56 岁以上的教师则均无提升学历的计划。这种分布符合教师职业生涯发展的一般规律。

（五）关于专业能力的自我认知与提升

数据显示，大部分教师对自己的教学能力较为满意，占 76.84%，这表明教师在教学行为的熟练程度上整体处于比较高的水平。从坚持学习的满意程度来看，占比为 49.19%。关于创新能力大约有四分之一的教师对自身比较满意，信息技术运用能力的满意度仅为 22%，这些结果可能与教师对创新和信息技术的理解和实际运用有关，特别是考虑到青年教师居多，这两个方面应该是他们的强项。这种数据差异值得进一步深入探究。数据显示，科研能力的满意度最低，只有不到 20% 的教师对自己的科研能力感到满意，这可能与教师普遍对科研能力的认知和培养有关。前面提到的教师对提升学历的需求较大，特别是通过在职攻读硕士或博士学位，不但可以全方位地提升教师的专业水平和科研能力，也满足了教师学历提升的需求。因此，这一点值得长期关注和研究。

从整体来看，对科研能力较为满意的仅占 19.67%。根据交叉分析数据显示，初级和中级职称的教师对科研能力的满意度较低，而高级职称教师对信息技术运用能力的满意度相对较低。在学术发表方面，大部分教师都有发表过文章，其中在校级刊物和公开出版的刊物发表文章的教师占比最多，分别为 47.79% 和 44.15%。其他类型的刊物也有部分教师发表文章。这表明学校对教师在刊物上的发表较为重视，同时教师对自身的发展也有要求。

（六）关于教师的职业生涯发展定位

从职业发展目标统计来看，想成为优秀骨干教师和专家型教师的人数最多，分别占比为 61.19% 和 39.35%，表明教师的职业发展目标主要集中在骨干教师和专家型教师的定位上。相比之下，想成为校长、副校长等行政干部的人数最少，仅占 13.40%，这表明大部分教师了解自己的个性特点，更希望在教学领域取得卓越成就，成为一名优秀的教师（见图 6）。

在职业生涯发展上，您最想成为：

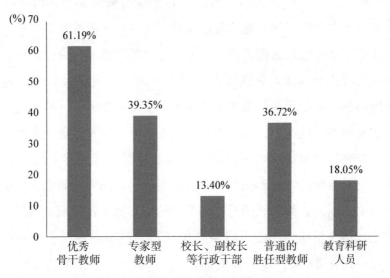

图 6 教师职业发展目标情况

关于教师的职业生涯发展目标，我们从年龄和性别两个维度进行了交叉分析，结果发现：从年龄来看，年龄在 56 岁以上的教师中，所有人都有成为普通的胜任型教师的选项，比例为 100%（见图 7）。这表明，在职业生涯的晚期，教师们更加现实地看待自己的能力，认为能够胜任教学工作已是很不容易的成就。从性别来看，男教师中希望成为校长、副校长等行政干部的比例为 27.55%，而女教师的这一比例仅为 9.23%。这表明，男教师比女教师更倾向于追求行政管理岗位。

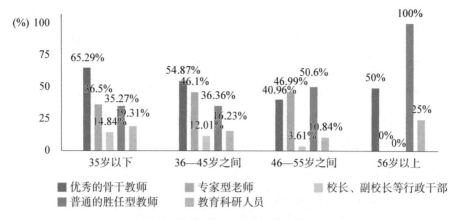

图 7　教师职业生涯发展目标情况

图例：
- 优秀的骨干教师
- 普通的胜任型教师
- 专家型老师
- 教育科研人员
- 校长、副校长等行政干部

（七）教师职业发展需求

在目前职业发展状况上来看，对自己职业所取得的成功感到满意以及有明确实现自己的职业目标计划的占比最多，分别为 43.92% 和 42.84%。然而，有 16.81% 的教师表示工作经常应付不来，9.22% 觉得工作前途渺茫，18.31% 感到工作耗尽了情绪和情感，11.46% 从未仔细考虑过自己的职业发展。通过交叉分析数据发现，这些困境主要集中在教龄 5 年以内的新教师群体，教龄 6～15 年的教师次之，男女教师之间的差异性不大。这表明新教师在职业初期面临较大压力，需要更多的支持和指导来帮助他们顺利度过适应期。

在自身职业发展的过程中，通过不断学习提升自己的专业知识和教学技能来作出努力和探索的教师占比最高，为 80.79%。积极参加教学比赛和主动寻找发展机会的教师占比次之。根据交叉分析数据，此部分教师群体大部分为教龄 5 年以内的年轻教师，表明绝大部分年轻教师愿意为自身的职业发展进行探索和努力，积极主动向外探索，寻找资源，学校应该为其提供更多支持。然而，没有时间精力进行职业发展探索的教师占 15.26%，其中教龄 5 年以内的年轻教师占比最高，教龄 6～15年的教师次之。这表明此部分教师在处理本职工作和其他任务中花费了大部分时间，导致无法投入足够的精力进行职业发展探索。

从接受职业生涯发展方面的教育和培训的意愿来看，认为对教学和自身有帮助的教师占比较高，分别为 65.30% 和 54.14%。这表明大部分教师对职业生涯规划的重要性有一定程度的认识，并有职业生涯发展教育和培训的需求。然而，也有 23.36% 的教师认为本职工作太忙，没有时间和精力参加培训，而认为参加培训没必要的教师占 7.13%，这表明大部分教师对职业生涯发展非常重视，也有少部分老师对职业生涯规划的内涵及作用没有正确的认识。

在个人自主进行职业生涯规划方面，希望学校提供教师职业生涯相关培训的占 61.27%，希望提供心理健康方面的咨询和指导的占 44.15%，希望校内设置教师职业生涯发展指导的占 40.98%。希望在区内开展教师职业生涯发展方面个性化咨询与辅导的占 36.72%。这些数据表明教师对学校在提供职业生涯规划方面的需求较高，并希望通过指导和咨询等方式获得帮助。其中，男女教师在这些需求上差异并不显著。

（八）教师的阅读主要偏重于教育教学类书籍，其次是文学作品

在教师群体中，读书会活动几乎在每所学校都有开展。关于读书会的频率，认为每月开展一次较合适的教师占比最高，为 75.29%。这表明大部分教师希望在不耽误教学进程的前提下，留有充足的时间和空间进行阅读和思考。

在整理教师们认为对自己影响最大的一本书时发现，与教育相关的书籍占比较高。其中，《给教师的一百条建议》《正面管教》《爱的教育》《窗边的小豆豆》《非暴力沟通》《被讨厌的勇气》是教师选择较多的书目。然后是文学类书籍，如《平凡的世界》《活着》《钢铁是怎样炼成的》等。对照教师们的阅读书籍统计，反思他们在工作中遇到的问题和挑战，可以看出教师们更需要阅读教育类、哲学类、社会学类书籍。如果教师们多涉猎这些领域的书籍，他们在教育学生时就会有新的思考维度，而不至于困于其中。这也提示我们在未来的教师读书活动中需要增

加这类内容的书籍。教育的本质是培养未来的公民，教师需要对社会发展、经济发展、哲学等有更广泛的了解，才能适应青少年教育发展的需要。

二、研究结论与发展建议

通过对项目学校教师职业发展和生涯规划现状的调研分析，发现参与调研的学校教师整体职业发展状况良好，教师队伍比较年轻且充满活力，整体职业发展状况良好。教师们的职业认同度高，专业上比较自信，大部分教师对自己的教学能力非常满意；教育教学热情高，并希望能成为优秀的骨干教师和专家型教师；对自己的个性有清晰的了解，对未来有明确的职业目标；对职业生涯规划的重要性有一定程度的认识，并希望学校能够提供相应的培训和支持；在学历提升、岗位变动等方面的接受度高；阅读方面更多关注技术和方法层面的书籍，但在阅读的广泛性方面需要加强和引导。

关于发展建议，具体有四点。第一，区域的教师发展中心和学校两级教师发展机构，应在培训方面加强相关专业领域的引领，增强教师的生涯意识和规划能力培养，关注教师内驱式专业自我发展。教师应通过自我意识、自我规划、自我反思和成就动机等途径实现专业自我发展，提升专业发展的内在驱动力。第二，学校作为教师职业生涯发展的基本支持组织，是与教师职业发展最紧密的微观系统，若教师职业发展能得到学校及时的支持，则更易保持教育的热情。同时，学校要引导教师关注家庭与工作的平衡，科学合理规划生涯角色的各个方面。第三，基于一部分教师有学历提升的需求，应加大在职学历提升方面的支持，组织志同道合的教师共同研究学习，引导他们在研究生学习过程中，选择当前教育中的迫切问题作为研究选题，这对于促进教育教学改革和个人专业发展都有积极意义。针对教师提升学历的要求，区教师培训机构可以邀请省内著名师范类高校教授做讲座，加大一线教师与大学教授之间的接触与交流。第四，加大对教师职业生涯发展的干预和引导力度，优化部分教师的职业生涯规划策略，鼓励更多有能力的教师走向管理者岗位。挖掘出教师中的佼佼者，激励他们发挥更大的作用。鉴于女性教师占比超过四分之三，对许多优秀的女教师，如何鼓励她们走上领导岗位，对区域教育的健康发展具有积极意义。

作为教育事业发展的重要人力资源，教师的职业生涯规划对于教育人力资源的开发和教育质量的提升发挥着关键作用。因此，无论在区域教育督政，还是学校的督学过程中，都应当发挥教育督导的专业指导作用，从职业生涯发展和人力资源开发的角度，关注一线教师职业生涯发展的真实需要，为教师未来几十年漫长的职业生涯提供积极的专业指导和全面支持，因为教师的职业幸福和生涯发展直接关系到学生的幸福成长与未来发展。

心理健康教育"一个中心、四个体系"工作机制

——深圳市罗湖区的实践与经验

吕 军*

根据教育部等十七部门联合印发的《全面加强和改进新时代学生心理健康工作专项行动计划（2023—2025 年）》精神，促进学生身心健康、全面发展，是党中央关心、人民群众关切、社会关注的重大课题。历年来，罗湖区高度重视心理健康教育工作，在罗湖区教育局和教育科学研究院的领导和支持下，形成了以区心理辅导中心、危机干预、课程体系和心育活动为主要内容的"一个中心引领，四个体系支撑"的心理健康教育特色工作机制（见图 1）。

一个中心引领，四个体系支撑

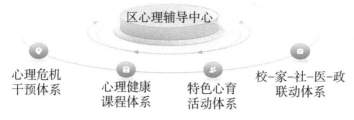

图 1 深圳市罗湖区心理健康教育工作机制

---

* 吕军，深圳市禹明督学工作室第二批成员，深圳市罗湖区教科院中小学心理辅导中心主任，正高级教师，硕士，罗湖区兼职督学，深圳市名教师，深圳市名师工作室主持人。

一、一个中小学心理辅导中心

罗湖区中小学心理辅导中心成立于 2001 年，隶属罗湖区教育科学研究院，是深圳市首个区级心理辅导中心，统筹引领全区中小学校心理健康教育工作。该中心由心理教研员任中心主任，负责整体工作；6 名兼职教研员协助开展日常工作。

2010 年，罗湖区中小学心理辅导中心与深圳市知名的"幸福人生大讲堂""美丽星期天"同获"深圳市民最满意的活动"荣誉，是罗湖区教育系统唯一获奖的单位。

罗湖区中小学心理辅导中心不仅开通了心理服务热线，还招募了14 名一线心理教师面向全区中小学生和家长提供线下面询和热线咨询服务，累计服务近万人次。在 2020 年，为顺应时代需求，罗湖区开通了深圳市教育系统首个 24 小时心理咨询热线（获广东省 2020 年中小学心理健康教育优秀成果奖）。这一举措被广泛宣传，以鼓励有需要的学生及家长及时寻求帮助，拨打心理热线获得心理支持。

罗湖区中小学心理辅导中心统筹领导全区校园心理危机干预、心理健康课程体系建设和特色心育活动等工作，积极承担社会责任。他们以踔厉奋发的精神面貌，持续为罗湖区心理健康教育贡献全力，齐心并举为学生和家长的身心健康创造美好未来。罗湖区心理健康教育工作模式因其突出表现，获评 2023 年深圳市社会心理服务优秀案例。

二、四个体系支撑

（一）构建区域心理危机干预体系

在教育部《中小学心理健康教育指导纲要（2012 年修订）》和广东省教育厅《关于加强中小学生心理危机识别和干预工作的通知》（粤教思函〔2018〕14 号）的指导下，2020 年 9 月，罗湖区教育科学研究院出台了《罗湖区中小学心理危机干预工作手册》（见图 2）和《罗湖区中小学心理健康教育工作指引》（见图 3，获广东省 2020 年中小学心理健康教育优秀成果奖）。这些文件对我区校园心理危机的预防、预警和干预工作作出了详细的部署，让学校进行校园心理危机"三预"工作有章可循。

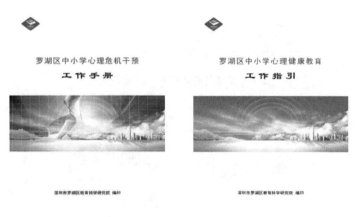

图 2 《罗湖区中小学心理危机干预工作手册》封面　　**图 3 《罗湖区中小学心理健康教育工作指引》封面**

早在 2020 年之前，罗湖区就已经建立了校园心理危机的三级排查制度（见图 4），实行区校两级干预、校领导责任包干制和心理教师持续跟进制，通过切实行动预防校园心理危机事件的发生。罗湖区校园心理危机干预有的放矢，在关键节点密切关注重点人群。在开学前后、考试前后以及中高考前后，动态跟进心理疾病和中高风险学生的心理状况，确保学生能够平稳度过学业生涯的关键节点。

2021 年，罗湖区在校园心理危机干预工作上迈出了新的一步，通过搭建心理测评云平台（见图 5），实现了对全区 89 所学校、数十万名学生的免费心理测评全覆盖。截至 2023 年 12 月，这一平台已经服务了师生 258 152 人，生成了测评报告 515 023 份。心理测评云平台的使用，实现了全区学生心理健康档案的数字化，有助于全面掌握全区学生的心理健康状况，做到心理危机的早发现、早干预，避免危机事件的发生。

2022 年，罗湖区校园心理危机干预案例"疫情形势下中小学生心

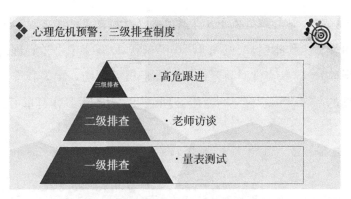

图 4 罗湖区心理危机三级排查制度

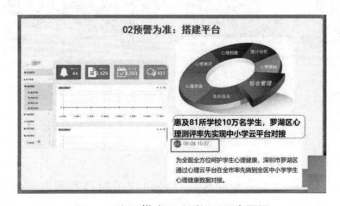

图 5 罗湖区搭建心理测评云平台页面

理危机干预经验"入选了《深圳教育发展年度报告（2021）》（深圳教育蓝皮书）和《深圳教育研究》，同时还被收录于《深圳市社会心理工作经验汇编》中。这些举措表明了罗湖区在校园心理危机干预工作方面的规范性、标准性和显著成效，为全市分享了该区在处理校园心理危机干预上的若干举措。

（二）建立区域心理健康教育课程体系

罗湖区根据《广东省教育厅关于中小学心理健康教育活动课内容指南》的要求，积极推动心理健康教育活动课程，鼓励心理教师不断提高教学设计、教学组织和教学评估能力。历经多年的实践和探索，罗湖区形成了具有区域特色和可操作性的心理健康教育课程体系。

2022年，罗湖区教育科学研究院组织一线心理教师编著并出版了《罗湖区小学心理健康教育活动课操作指南》（见图6）和《罗湖区中学心理健康教育活动课操作指南》（见图7），这些指南旨在推广心理活动课程的五阶段课程模式，包括"导入阶段、展开阶段、深入阶段、升华阶段和结束阶段"。这些课程设计旨在提升学生的心理素质，帮助他们更好地应对学习和生活中的各种挑战，以积极的心态奔向未来的幸福生活。指南涵盖了自我认识、学习思维、情绪管理、人际交往、社会适应、网络使用、成长密码、生命教育、生涯启蒙、校园欺凌等10大主题，针对中小学生在不同阶段的心理健康发展需求进行了设计，架构起罗湖区中小学心理健康教育的课程体系。同时，指南内课例作者均为一线教师，他们通过真实课堂的实践与打磨，使得这些课程具有更强的实际应用性和可操作性。这些指南的出台，为广大心理老师和班主任开展生动有趣、体验丰富的心理活动课和心理班会课提供了参考依据，促进了罗湖区心理健康教育课程的体系化和规范化。

图6 《罗湖区小学心理健康活动课操作指南》封面

图7 《罗湖区中学心理健康活动课操作指南》封面

根据区校的实际情况，丰富心理健康课程形式，具体措施包括：开展心理健康微课和云课堂，促进学生及家长心理课程的可及性；开展小课和大课相结合的心理活动课，增强学生之间的互动和支持。开展心理-生涯规划课程，通过生涯测评、校外探索、生涯课程和生涯实践，为学生的升学和职业选择提供指导方向；开展户外心理活动课和心理团体辅导，增强师生之间的凝聚力。

（三）探索特色心育活动体系

根据《广东省教育厅关于实施中小学心理健康教育特色学校争创计划的通知》（粤教思函〔2014〕76 号）精神，罗湖区鼓励各中小学积极探索适合各校实际情况的心理健康教育模式。在罗湖区教育科学院的指导下，罗湖区积极探索区域性心理健康教育特色活动，十年间逐步建立起从关注中高考重点学生、联动网络依赖较强孩子的家长，到覆盖所有学生的"点-线-面"的特色心育格局。

数十年来，罗湖区在中高考考生心理辅导方面积极探索与实践，组建了讲师团，并通过集体教研备课的方式，让老师走进约 2000 个班级，为数十万名学生提供了考前心理辅导，形成了良好的社会效益。为进一步支持学生，2023 年设计并制作了"中高考考生心理加油指引"书签套组。这些书签正面列出了学生们常见的心理问题，背面提供了问题解答，同时还留有空白供学生写下自己的答案。这种创意书签让学生在面临重大考试的情绪压力时，能够自我舒缓并自我激励，以轻松自信的心态迎接中高考。

2021 年，举办了"罗湖区智慧父母成长营"之"慧用网络，以爱伴行"家长心理团体辅导活动。这一成长营旨在帮助有需求的家长改善与子女的亲子关系，掌握有效的应对问题的方法。成长营共分为六个阶段，包括初建团队、原因探索、亲子沟通、换位体验、探寻方法以及回顾赋能，逐步深入进行心理团体辅导。活动的经验还被汇编成册为参与家长提供了持久的心理支持和指导。

2022 年，罗湖区教育局和教育科学研究院联合推出了名为"心抗疫·爱相随"的心理漫画创作活动暨罗湖区首届中小学心理漫画比赛活动。该活动围绕青少年心理成长的话题，如情绪管理、同伴交往、亲子关系等，鼓励学生进行创作。从1115幅作品中遴选出小学80幅、中学32幅优秀作品，并在罗湖教育公众号上进行展选。心理漫画的绘画过程不仅让学生抒发了他们的情绪情感，还展示了积极叙事的力量，获得了师生和家长的一致好评。

2023年，罗湖区开展了首届中小学"校园心理剧"创作活动。这次活动由学生自主创作和自主拍摄，最终收集到原创剧目87部（其中1部作品荣获广东省"2023心理健康活动月"一等奖）。校园心理剧剧本取材于学生的真实生活，反映的是学生遇到的困惑，演绎的是学生自己的故事，讲述的是学生自己的心声，解决的是学生希望解决的问题。这种真实的展示给了学生自我启发的良机，让他们学会更好地应对自己的消极情绪，更有效地面对与处理生活中的挑战。

2024年编印了《孩子抑郁了，家长怎么办》科普手册，旨在帮助家长识别青少年抑郁的表现和成因。手册内容涵盖寻求专业帮助、建立父母支持、调整教养方式、积极健康生活，以及积极主动地与家校社合作等方面。这些科学有效的应对方式受到抑郁孩子家长的广泛好评。

各中小学校积极投身创建学校心育特色。其中，罗湖区有2所学校荣获"广东省心理健康教育特色学校"；7所学校获评"深圳市心理健康教育特色校"；另外有8所学校被评为"罗湖区心理健康教育特色学校"。此外，还有1所学校荣获了深圳市第一批"五星级心理辅导室"称号。

（四）构建"校-家-社-医-政"联动体系

罗湖区构建了以学生为核心，以学校、家庭、社区、医疗机构和政府部门为保障且充分合作的心育联动体系。学校全员参与学生心理健康教育，利用完善的课程和活动体系培育学生积极向上的心理品质。同时，借助危机干预体系，系统保护学生的身心安全和健康发展。学校还建立了良好的家校合作机制，通过家长沙龙、团体辅导、培训讲座等活动，帮助家长更好地认识孩子的心理特点，促进亲子关系和谐。针对严重心理问题的学生，学校会及时转介到相关的医疗机构，以便学生和家庭得到专业支持。对于需要休学居家或家庭困难的学生，学校帮助家长与社区联系，整合资源，形成校内外强大的支持网。同时，教育主管部门会同公安、政府相关单位，合力保障学生的生命安全。

浩渺行无极，扬帆但信风。悠悠二十余载，罗湖心育人用汗水浇灌出今日的硕果。山高人为峰，海阔梦为舵。罗湖心育人必将志合越山海，聚力共前行，用我们的不断探究、不断创新和不断实践继续助推区域心理健康教育的高质量发展。

体育振兴的"痛点"和"兴奋点"

蒋和勇

2020 年 10 月 15 日，中共中央办公厅、国务院办公厅印发了《关于全面加强和改进新时代学校体育工作的意见》。这是新中国成立以来首次以最高规格、最大力度和最强举措实施体育强国和教育强国战略的文件，犹如"体育的春天"，春风吹拂大地，振奋教育人心，使我们看到未来"体育兴，则国兴"的曙光。

一、作为校长，首要之义就是重视并思考体育健康

体育是否重要？如何之重要？从近现代始，国人对体育重要性的认识就从"国穷体弱"的痛感中逐渐形成。毛泽东在青年时代就提出学校教育要"三育并重"，且"体育占第一位置"的思想，喊出了"文明其精神，野蛮其体魄"的强音，奠定了新中国"发展体育运动，增强人民体质"的政策导向。

党和国家历来重视人民健康和体育工作，2018 年 9 月 10 日，在全国教育大会上，习近平总书记强调，教育就是要做好"培养德智体美劳全面发展的社会主义建设者和接班人""要树立健康第一的教育理念，开齐开足体育课，帮助学生在体育锻炼中享受乐趣、增强体质、健全人

格、锤炼意志"①。

作为校长，首要工作之一就是解决和落实好学生的身体成长与实践，也就是"校园里面的体育与劳动"，让孩子们的双手和大脑都动起来。正如陶行知先生所说的："人有两个宝，双手和大脑。双手会做工，大脑会思考。用手又用脑，才能有创造。"② 只有心灵手巧、健脑强身的健康中国人，才能担起家庭的重任，塑造国家的未来。

——我们要深刻认识到体育健康对于一个人"成长为健全人"的重要性。打好身体基础胚子，让青少年从小树立良好的体育健康意识、养成长期坚持体育锻炼的习惯、学会正确的体育运动技能。在小学阶段，发展好核心身心素养，掌握1～2项能够影响并坚持一生的体育爱好。

——我们要深刻认识到体育健康对于学校"立德树人、全面育人"的重要性。德智体美劳全面发展，其中"体"的发展是使接班人体格健美、人格完善，具备良好的真善美素养。优秀学校成功的办学事例证明，"一校一品，校校有特色"，抓住"牛鼻子"，通过突破口，激活全校办学格局，定能培养出自信、阳光、大方、和善，家长满意，社区赞肯的孩子。

——我们更要深刻认识到体育健康对于一个国家"保家卫国和谐美好"的重要性。作为公民，要有能力和条件肩负起"战争时期保家卫国、和平年代建设家园"的责任。如果我们培养出来的年轻人一代比一代体弱，"眼镜娃""小胖墩"之类越来越多，那么在未来全方位格局的国际竞争中想来很难保持优势。为党育人、为国育才，首要任务就是要育身体健康、身心和谐的公民和人才。

---

① 参见人民网全国教育大会报道，http://edu. people. com. cn/n1/2018/0911/c1053-30286253. html.

② 雷玲. 教师要学陶行知［M］. 上海：华东师范大学出版社，2011.

二、作为校长，要以"问题导向"解决体育振兴关键环节

当下校园中存在一些体育不强、体育不兴的现象，值得我们深刻反思。

（一）幼儿园"缺体育基础教育的认识"

《幼儿园教育指导纲要》和《3—6岁儿童学习与发展指南》（简称《发展指南》）明确了幼儿教育的主要任务，包括"健康、语言、社会、科学和艺术"五大部分，其中"健康位列首位"。然而，对照《发展指南》中"动作"部分的"教育建议"，我们发现指导内容主要以体验、协调、小运动量项目等为主，没有体现"竞技"或"对抗性"的要求，甚至没有出现"团队"两个字。由此可以想象，当前幼儿园体育活动的开展基本停留在"玩一玩、乐一乐、耍一耍"的层面。与之相比，日本幼儿园的体育教育更注重挑战和对抗性训练。例如，幼儿园的孩子们从小就开始练习倒立，甚至能够轻松自如地倒立来回走；游泳课上，园长会将孩子抛进水中，让他们在水中锻炼自救能力和游泳技能；孩子们进入校园后，直奔操场跑步。幼儿园是整个教育体系的第一步，如果在这一阶段没有设计和实施好体育教育，势必会对后续的体育工作造成影响。

（二）小学阶段"缺体育正确的样态"

1. 体育课"缺钙"，缺体育精神的教育引导

我们常见的体育课40分钟，但似乎总缺少一些重要的元素——那就是体育精神！我们的体育课，首先要传达给孩子们的就是一种激昂向上、团结拼搏、争当第一、勇往直前、不畏艰辛的精神。另外，体育之所以能够经久不衰，是因为体育竞技蕴含人文道义，各个运动项目的始发、起源传承及其背后的历史，这些"静态"的元素，也应该作为精神

营养传授给孩子们。最理想的体育课程是：孩子们通过参与体育课，不仅活跃了身体，还能深入了解他们喜爱的体育项目，熟悉其竞技规则。

2. 体育课"缺团队"，缺团队竞技的合作与比拼

常见的体育课基本内容通常是"走、跑、跳、投"，少有那种集体项目的教授运用。我们应该积极关注一些团体项目，如"叠罗汉""万众一心""排山倒海"，包括篮球、足球等常见的教学内容，适当地营造"比赛"的氛围来进行练习，相比于单调地强调动作技巧和规范，这样可能更能吸引孩子们的兴趣。

3. 体育课"缺专业"，缺对体育项目的专业认识和讲解

我们现有的体育教师队伍因为培养体系的原因，缺乏对体育项目运动"技法"的认识。例如，对于连续的奔跑和跳跃，专业的体育教育会从动作分解开始，逐步讲解每个阶段的力量发生、着力点、弯曲度以及安全隐患等，进行系列的认知和防范。而现有的师范类和体育教学出身的体育老师则更多的是从整体上认识和完成，缺乏专业竞技训练的规范。

（三）校园体育"缺坚持和传承"

校长们认同"传承创新"，但很多倾向于追求翻新和标新立异。在"一校一品"建设中，体育作为特色突破最为常见，而每位校长都希望将其特色发展到最大化、全面化和极显眼，但这往往忽视了传统项目长期积淀的重要性。正确的做法是，对已经成熟的项目要坚持不懈，尽量减少"人为个人决策喜好"带来的负效应。无论是实行"一级一能"还是"全面＋特色"，校长都需要具备定力、胸怀和设计感。

（四）校园体育"缺赛事联盟"

真正的体育教育是要靠"对打"的，是要把孩子们拉到赛场上去比一比的。校园体育赛事缺乏的原因有多方面：一则可能孩子们精力有限；二则一所校园的课程设计是全天连贯设计，孩子们参赛就有可能出

现学习的很大空当；三则也与我们的应试教育思维有关，学校赛事能否搞起来，取决于家长的态度，一些家长担心孩子因参与赛事学习成绩受到影响；四则跟赛事安全有关，比赛难免有磕磕碰碰和损伤，赛事中的意外受伤容易引发家校纠纷。

三、作为校长，要精准施策、集中心力抓体育重健康

（一）树立"健康第一"的全面导向，落实到学校规划

紧扣全国教育大会"健康第一"理念，并将这一理念全面落实到校园文化、课程理念和体系设置、教师成长以及内部的优化管理和外部环境和资源的融合中。将"健康第一"具体体现到义务教育学校的"五大方面 60 小点"①，并贯穿于学校整体规划的各个方面。

（二）营造"注重健康"氛围，感受泛在学习的智趣魔力

校园文化既有显性的，也有隐性的。隐性的文化深植于内心，具有更强的力量，但好的校园文化也需要显性的文化来支撑。高品位的校园健康文化设计，应以课程和"一技一品"的思维设计校园的每个角落、墙壁和廊道，并适时建设体育相关的"博物馆廊"，使校园成为一个具有健康文化，尊重生命的泛在学习乐园、探究园和主题园。

（三）设计"品序体育"课程，培养孩子适宜的体育素养

"品"即品质、优质。在专家的指导下，结合校园条件，确定一个有特色、能落地、动静结合的体育项目；"序"即秩序、分布，让孩子们在 6 年中逐级体验、学习并享受多样的体育百科学习，提升体育课堂的专业性和品质，补充传统体育课的不足和"钙"。注重片区内幼小衔接的体育对接，科学设计不同年段的优势素养训练项目，不留成长遗

① 参阅《广东省中小学体育与健康课堂教学基本要求》。

憾。引入"游戏化体育教学"模式，帮助学生在体育锻炼中享受乐趣、增强体质、健全人格、锤炼意志。

（四）重视"体育名师"培养，引领体育教师的职业幸福感

明确"体育名师"的成长导向，不忘初心，坚持专业，让体育教师成为校园最靓丽的风景。打通内外结合、线上线下的体育名师培养机制，引入优质课程，输送新思维，拓宽体育老师的视野，赋能其专业成长，让每一位老师不仅拥有专长和绝活，还能在保底保量的同时体现课程规范。结成一批体育联盟友谊校，互相学习，共同进步。

（五）办好"每届体育节"盛会，留住最美好的记忆给师生

教育最大的成就之一就是让孩子们留下难忘的记忆。精心设计每届体育节，引入 PBL 项目式学习，把体育节视为课程资源来设计开发，每年一个主题，每届都有精彩和亮点，让学生成为体育节奔走呼号的主角。将体育节办成展示办学成果、检验家校关系和锻炼学生团队的舞台。

（六）点燃"校内赛事"引擎，盘活资源服务体育活动

针对 1～6 年级设计不同序列和主题的体育赛事，尝试每学期都举办体育节。打造 1～2 项师生家长认可且可持续的赛事品牌。抓好"班级联赛"，重视全员参与，将体育竞技与赛事娱乐有效融合。让校内赛事明星成为校园一景，成为孩子们羡慕和学习的偶像。通过校园 NO.1 活动激发体育热情与梦想，挖掘潜能，让每位孩子都拥有一个 NO.1 的纪录。结合体育节举行体育类 NO.1 争霸赛，进一步激发学生的积极性和参与度。

（七）建立"健康档案"资源库，监测并研究体育长短板项目

关心教师的体质健康，建立教工体测和档案管理制度。高标准组织

体质检测，进行专业分析和研究。引入视力健康矫正的"星光行动"，逐年提高学生的视力健康优良率，减少师生的肥胖率。实行一年建档、三年回顾、五年规划和评估的机制，持续完善健康管理体系。

（八）讲好"我与体育"故事，助力每一位孩子的成长和发展

讲好校园体育故事，让立志和励志深植学生内心。以体育带动全校德育和"五小中队"建设，激发德育潜能，成就一批星光微团队和体育星光班级。开展体育主题的"灯塔讲坛"，让热爱体育的家长加入"萤火虫计划"，让家长与孩子相互见证，共同成长。

《关于全面加强和改进新时代学校体育工作的意见》吹响了新时代中国体育工作的春天。未来，每一个学生都将成长为社会的中坚、行业的主体、家庭的脊梁。基层校长所能做的，就是保护好孩子的梦想和兴趣，激发孩子的潜能，尊重他们的特长，全心全意地落实好"健康第一"的理念。

第二部分

学校高质量发展研究

导言

　　深圳市禹明督学工作室的成员，大多是中小学的书记和校长。如何在完成市级教育督导部门交给的督导任务的同时，又以督学的视野，把自己所在的学校办成市民满意的好学校，实现教育的高质量发展，是我们一直在关注的问题。本部分的文章作者正是从这个角度出发，与读者分享他们各自的办学经验，希望对大家有所启发。

校长价值领导力驱动学校
高质量发展的实践

毛展煜*

  2023 年，习近平总书记在《扎实推动教育强国建设》一文中指出：
"当前，我国教育已由规模扩张阶段转向高质量发展阶段。要坚持把高
质量发展作为各级各类教育的生命线，加快建设高质量教育体系，以教
育高质量发展赋能经济社会可持续发展。"在迈向第二个百年奋斗目标
的新征程中，构建高质量发展教育体系、建设教育强国、实现教育现代
化是教育发展的总目标。因此，学校的发展方式必然会逐渐从外延转向
内涵，价值领导在学校发展中的重要性日益凸显。因此，校长需要充分
发挥价值领导力的作用，多采用基于内在信念的领导方式，激发教师对
学校和职业的认同感和投入。

  美国宾夕法尼亚大学豪斯（House）教授认为，价值领导（value-
based leadership）是一种"以价值为基础的领导者通过明确表达愿景，
从而唤醒跟随者对集体和集体愿景的认同导致跟随者自我功效和自我价
值的提高。"[①] 北京师范大学教育学部曾汶婷在研究中将校长价值领导
定义为：校长向学校教师注入价值观和愿景，并通过明确表达愿景，使

---

* 毛展煜，深圳市禹明督学工作室第二批成员，深圳市龙岗区横岗高级中学校长，硕士、在读博
士，第五、第六届深圳市督学，第三届深圳市督导评估专家库成员，深圳市优秀督学，深圳市
十佳校长。
① 吴维库. 基于价值观的领导［M］. 北京：经济科学出版社，2002.

教师的价值观与情感在组织中得到共鸣，从而使教师对学校产生更多归属感，形成对组织的主动认可，并在工作中表现出主动性以助力组织达到目标的过程①。

在过去的十几年间，我先后担任了九年一贯制、初高中一体和单体高中三种不同类型学校的校长，充分发挥了价值领导力的作用，不仅激发了教职工对学校的强烈认同感和对办学愿景的内在认可，更加产生了高凝聚力和实现学校愿景的动机。每所学校都取得了较好的办学成效，并获得了社会的认可。我认为，校长的价值领导力体现在多个方面：明确和传达学校的使命、愿景和核心价值观；有效地带头示范、凝聚共识、提供支持和建立资源；通过学校各种制度和活动折射出学生和教师的观念；找到适切作用点，引领学校特色发展。

回顾这几所学校的管理实践，我主要从激发内驱力、树立榜样、开门办学、科创引领四个方面进行了探索。

一、做师生内驱力的激发者

"当校长进入学校时，是带着他们的价值观、信仰和哲学观一起来的。校长通过自己的价值观进行领导。"② 校长应该是有教育情怀、有教育理想，更有服务心态的学校管理者，其核心价值在于激发师生内驱力，将学生与教师的发展放在至高无上的地位，凝聚教育共识，取得新发展，带动学校进入新阶段。

1. 有换位思考的管理智慧

《礼记·学记》中有一句话，"亲其师，信其道"。在建立教师威信的同时，要和学生打成一片，特别在小学和初中阶段，要做到严慈相

① 曾汶婷. 中小学校长价值领导对教师工作投入的影响 [J]. 集宁师范学院学报，2023（2）：23-27.

② 厄本恩，休斯，诺里斯. 校长论：有效学校的创新型领导 [M]. 4 版. 黄崴，龙君伟，译. 重庆：重庆大学出版社，2004：15.

济、爱而有度，更要经常换位思考。换位，是人生的必修课，无论在工作还是生活中。换位思考，学会站在学生的角度看待问题、分析问题、解决问题，是一个教师、一位领导者最高级的智慧体现。

每个月我会安排"校长有约"系列座谈会，至少一次学生代表、一次老师代表和一次家长代表参加。目的是倾听师生们的心声，听取他们的建议，促进学校的发展。学生座谈会取名为"共度好'食'光"。每周一个年级，人选各班抽签决定，让这些代表收集班上同学们的想法和意见，比如希望增设社团，希望有层次地布置作业等。会后我会以表格形式收集这些意见，并逐条反馈给各部门落实。老师和家长的座谈会通常以下午茶的形式进行。每个年级挑选老中青教师代表和家长代表，一边享用茶点水果，一边讨论学校的发展。

作为校长，要学会放低姿态，拥抱智慧。因为"低"才能容纳更多的东西，才能发现许多忽视的美好。面对质疑与反对，虚心接受与聆听，才能看到更广阔的未来，成为更好的引领者。

2. 有善于搭台的服务意识

我认为，作为校长，必须将学生与教师的发展放在至高无上的地位。在任期内，不断提升学校的办学条件和办学水平，让学生和教师、家长和社会都充分认可，并不断提升学校的声誉。这就是校长的使命与价值所在。

"校长就是搭舞台的人，真正唱戏的是老师和学生"。我始终希望：在学校里，让每一个学生都能得到最优发展，每一位教师都能享有职业幸福。我搭建了许多有利于教师成长的平台，如青年教师的"菁英会"、骨干教师的"头雁计划"、定期的读书会等。我推荐教师参加各种业务培训、自己参与并外聘专家指导教师参加业务竞赛，组织专项的培训和模拟面试，帮助教师们进入区名教师培养队伍等。在一次次的专业活动和交流中，我与教师们进行思想碰撞，凝聚了个人专业发展和学校教育价值的共识，形成了一个有共同目标的教育共同体。校长和教师是教育事业的合伙人，每天的工作都是为了共同的教育梦想。这样的学校，改变与进步就是显而易见的。

3. 有激发内驱的系统思维

最高的领导艺术就是激发人的内驱力，调动人的主观能动性。"当价值观和信念已由制度融入学校日常管理生活的时候，管理方法、等级制权威、人际技巧和个性最终将被超越。并非校长变得无足轻重了，而是校长的重要性不同于以前了"①。当学校的每个人都有同样的价值观时，学校就会像高速前进的动车一样，充满动力和活力。

在平安里学校时，常有学生沉迷于游戏。我好奇于游戏的内容，更好奇于游戏的内在机制，于是我下载了游戏，亲身体验和尝试，并深入分析。结果发现，这款游戏有一套自己的荣誉体系，注重用户体验和团队协作，同时提供及时反馈和奖励。"这些优点，如果可以应用到学生的成长评价体系中，岂不是更受学生欢迎，更能形成有效的激励制度？"于是，我立即组织团队，建立了学校的学生成长评价体系，并借鉴了游戏中的荣誉体系和及时反馈奖励等机制，包含了学业、活动、班级、社会表现、家庭表现等一系列内容。这一套学生成长评价体系，在平安里学校深受学生们的喜爱，激发了学生们的内驱力，获得了老师和家长的一致认可。

2023 年，我担任横岗高级中学校长，面对学生入口成绩偏低、学校资源较少、教师职业倦怠频现等问题，我采取了一系列措施深化学生生涯发展规划指导、加强学校术科高考力量、发展数字赋能的精准化教学、优化高考复习备考策略等。当年高考成绩顺利实现了低进高出，术科录取名牌大学的数量全区领先。同时，新增四位老师评上龙岗区第九批名师工作室主持人，教师业务竞赛获奖人数大幅增加，当年中考录取分数线创下了历史新高。这些不同层面的显著进步，有力地提升了师生信心，并提高了学校的社会声誉。

---

① 萨乔万尼. 校长学：一种反思性实践观［M］. 张虹，译. 上海：上海教育出版社，2004：171.

二、做终身学习的示范者

"只有拥有清晰的价值观并以身作则地践行，别人才会持续追随他。"[1] 校长价值领导力的实现离不开校长作为榜样的引领。20 世纪五六十年代，德鲁克也曾指出，"管理者突然增加了一个新的维度：作为榜样发挥领导力。这就是未来面临的挑战，也是管理者的新工作"[2]。

1. 读书滋养教育思想

校长坚持读书不仅是个人发展的需要，更是职业责任的体现。读书有助于校长提升个人素养，增强领导力，树立正面榜样，促进学校的整体发展，从而在个人和职业层面实现持续成长。

工作以来，我一直坚持读书，不断加强自我修养。每年阅读二十多本书籍，内容涵盖教育理论、办学案例、教育技术、学习理论等。通过坚持读书，我不断更新专业知识，保持教育思想的前沿性；了解国内外的教育动态和先进的教育实践，拓宽教育视野；并有效地管理学校，提升领导艺术。此外，我加入了"以书会友""好书共读""书语者联盟"等书友微信群，并在学校定期组织读书会和"同读一本书"活动，以书为友，分享交流读书心得和教育思想。

2. 进修提升教育格局

"学习永无止境"。作为校长，我希望为教师们树立一个榜样。除了读书，我还积极参加在职的各类培训和学历提升。在担任校长期间，我参加了省、市、区组织的各类培训二十多次，不断提升自己的专业素养和领导能力。

在筹建高中的繁重工作中，我经过层层遴选，通过全国统一的笔试和面试，最终顺利考取了东北师范大学的教育学博士研究生。随后，通

---

① 陈雪频. 一本书读懂数字化转型 [M]. 北京：机械工业出版社，2022：211.
② 德鲁克. 技术与管理 [M]. 慈玉鹏，译. 北京：机械工业出版社，2020：106.

过遴选和面试，我成为广东省中小学"百千万人才培养工程"中小学智能教育名校长培养对象以及中国教育科学研究院的高级访问学者。这些"头衔"的背后是一系列学习和培训的任务，除了培训，还包括阅读书籍、跟岗学习、开设讲座和参与研讨会。

和优秀的人在一起，自己才会越来越优秀。我的班级同学，有来自各大高校的，也有从事基础教育的，有资深的名校长，也有智能教育方面的专家……我常常对老师们说，"你会发现，自己在某个领域待久了，思维可能会受到禁锢，但不断跳出去之后，你会发现世界更宽广"。后来，学校内有好几位老师受到了我的影响，纷纷申请读教育硕士，还有的准备攻读博士……

3. 分享贡献教育智慧

校长的价值领导力最终体现为对学校确立的主流价值的渗透力和转化力，这是校长价值领导力中最核心的因素。学习、进修、研究和提升之后，分享是渗透和转化的重要环节。分享不仅展示了作为领导者的责任感和自我提升的重要性，还能激励教师和管理团队成员追求专业成长，从而提升整个团队的能力和凝聚力。因此，每次外出学习回来，我都会在行政会和教师会上精心准备，分享我的所学所思。

作为区名校长工作室和区党代表工作室的主持人，我充分发挥示范引领作用，通过资源共享、开设讲座、课题研究、邀请专家、外出考察等多种方式，促进工作室成员与学员的不断成长。同时，我还积极为区青年教师、青年干部和新教师开设教育教学培训讲座，分享我的经验和见解，充分发挥引领示范和辐射带动作用，促进年轻教师和干部的专业成长。

读书、进修和分享，这些活动不但提升了我的理论素养，还让我掌握了教育研究的新方法和新技能；让我拓宽了教育视野，了解了教育的新动向；让我结识了许多教育研究、智能教育和高等教育领域具有专长的专家和学者，这些志同道合的教育同行为我带来了丰富的收获和支持；为我所在的学校乃至区域教育的高质量发展，提供了重要的支持和优质资源。

三、做开放办学的实践者

1. 管理上做到兼容并包

蔡元培提出的"思想自由，兼容并包"理念造就了北大的一代辉煌。走上校长岗位十多年来，每到一所学校，我都会公布自己的邮箱、设立校长信箱，并向新生家长公布自己的手机号码，以便倾听师生和家长最真实的声音，并及时给予回复。

做校长一定要把自己的姿态放低，因为低姿态才能容纳更多的东西，放高了空间反而受限。在学校管理中，我始终实行民主决策，尽量让团队成员发表意见后再表明自己的立场。很多次，当我个人的想法在班子会上被否决时，我都能坦然接受。一件事情，如果大家反对某个决定，我会冷静地重新思考，因为我最终的目标是促进学校和学生的全面发展。

2. 引进来形成学校特色

新时代教育的新样态，需要学校整合好高校、科研机构、企业等社会资源，让更多的院士、教育专家、科技达人、艺术家和运动员进入校园，让学生在学校和名人面对面，使学生更好地了解未来的发展方向。

2013 年，我刚到平安里学校任校长时，积极推动了多项重要合作项目：与深圳市体工大队合作成立了学生身体素质和发展中心；与 Doing 创客合作成立了创客实践室，并开发了小学科学实践课程；与国家重大课题负责人王明平教授合作进行了"自主教育"的实践探索……后来，平安里学校成为市、区教体融合的示范学校，连续 7 年获得深圳市田径运动会初中组第一名，并成为全国 STEM 教育领航学校。众多学生在国际发明大赛、全国科技创新大赛中获得了金奖。田径和科创逐渐成为学校的办学特色。

2021 年我接任平湖中学校长，着手筹建高中。我将在东北师范大学读博期间、智能名校长培训期间以及中国教科院作访问学者期间结识的教授、专家作为学校的发展顾问团，系统地构建了高中的办学理念体系和课程体系，确立了全新的办学定位。这些努力使得平湖中学成为龙岗区"卓越学校"培育对象。在首届招生中，平湖中学的表现斐然：在18所新办的公办高中里名列 AC 类第五名、D 类第一名；超越了区内的一所百年名校，排名第三。

3. 走出去助力学生成长

"读万卷书不如走万里路"这句话在教育中有着深刻的含义。我们不仅要让学生通过书本汲取知识，更要鼓励他们走出课堂，通过实地考察、社会实践、文化交流等活动，将理论知识与现实世界相结合，激发学生的好奇心和探索欲，培养他们的观察力、思考力和解决问题的能力。通过参与社会服务，学生们能够体验不同的生活方式，理解社会多样性，增强社会责任感。通过参观名胜古迹，学生们能够亲身感受历史与文化的魅力，提升审美和人文素养。通过与不同背景的人交流，学生们能够开阔视野，增进对不同文化的理解与尊重。

我在平安里学校任校长期间，每年的寒假和暑假都为每个年级安排了多样化的假期实践作业。这些作业涵盖了劳动技能、职业观察、职业体验、生活实验以及调查报告等多个类别，针对不同年龄段的学生提出不同层次的要求。每个学期开学后，各班级都要组织学生分享和汇报他们的实践成果，并评选出优秀奖项，然后在全校范围内进行分享。在龙岗区实验高中，我布置了两个特别的假期实践作业："我家乡的名人"和"我家族的荣耀"。这些作业增强了学生对家乡和家族的认同感。在横岗高级中学，我开展了"行走的思政课"系列活动，让学生走近身边的红色教育基地。此外，利用假期，鼓励学生选择与社会密切相关的主题，撰写社会调研报告。还组织学生参与香港青年事务局的活动，赴港参加了为期四天的研学交流活动，参观立法会、香港中文大学和香港科学馆等，并参加了探访独居老人、去香港中学参加交流等活动。

这些走出去的教育活动，不但让学生们在实践中学习，在体验中成长，还为他们的未来发展奠定了坚实的基础。

四、做科创教育的引领者

现代科技发展日新月异，云计算、大数据、虚拟现实、人工智能等新技术发展如火如荼。作为一名高中校长，更承担着引领新一代青年走上时代前沿，了解科技的最新发展，紧跟时代变化的重任。同时，作为广东省教育厅、科技厅联合发文的广东省科技教育创新团队负责人，我一直在科创教育领域贡献着自己的一份力量。

十年前，在九年一贯制学校工作期间，我带领学校率先建立了创客实验室。通过这个实验室，我们致力于培养学生的科学精神和探究意识，鼓励他们敢于动手、实践和验证。我们强调从思考提出假设开始，通过实验来验证。因为缺失了思考和实践，单纯的理论学习不能称之为真正的科学。

这一系列的创新举措，使得学校成长为中国教科院首批 STEM 教育领航学校，开辟了通向"科创名校"之路，并得到了学生家长和社会各界的广泛认可。在到任龙岗实验高中后，学校与科大讯飞联合创建"人工智能教育应用示范校"，拉开了人工智能与教育教学深度融合和应用创新模式的序幕。这些举措迅速将一所崭新的学校打造成备受社会青睐的"科创高中"。

到横岗高级中学任职之后，我也一如既往地坚持在科技创新领域寻求突破。在人工智能和大数据的时代，我努力寻找教育与这些前沿技术的结合点，不断创造教育的新增长点，推动学校走上高质量发展之路。

我开设了以科学创新精神为主的"厚学讲堂"系列讲座，邀请了加拿大皇家科学院院士、深圳理工大学（筹）生命健康学院院长王玉田，南方科技大学教授赵建华，中国首批航天员、空军一级飞行员潘占春等科技类专家走进校园。讲座涵盖了脑神经科学、航空航天、生物多样性、人工智能领域，共举办了 13 次精彩讲座。此外，学校与西北工业大学深圳研究院合作成立了"深圳三航特色人才基地校",创设了"三航"特色创新班。该项目引入卫星设计、航天测控等高校实验室项目,由多位在"三航"领域作出突出贡献的专家学者担任导师。学校还开设了虚拟现实创造课、人工智能编程课等面向科技前沿的校本课程,旨在为高中和大学人才联合培养拔尖创新人才蓄能赋力。

"科创"是一个点,以点带面的价值核心在于学校要紧跟时代的脉搏,培养适应未来社会的创新型人才。

校长价值领导力的实现是一个学校价值观扎根、开花、结果的过程。它不但是校长有意识的价值领导行为,更是学校所有成员在价值体系中构建符合学校价值观的行为体系,并最终达成自我价值和学校价值实现的过程。这一过程对推动学校实现高质量发展具有重要意义,需要每位校长予以充分关注。

基于学生学养的学校高质量教育策略研究

——深圳市龙华区高峰学校和创新实验学校 "减负提质"十年探索

叶志青

2021 年《中共中央关于制定国民经济和社会发展第十四个五年规划和二〇三五年远景目标的建议》提出了"建设高质量教育体系"的目标。同年，国家印发了《关于进一步减轻义务教育阶段学生作业负担和校外培训负担的意见》，并强力推行实施。在"双减"政策背景下，提高教育质量或为学校亟待解决的核心问题，也是当前教育工作的重点和难点。本文以深圳市龙华区高峰学校和创新实验学校（以下简称"两所学校"）为例，基于十年实践研究经验，探索学校高质量教育的策略。

一、提出高质量教育理念，引导师生树立"质量意识"和"创新意识"

在新现代化理论的影响下，以世界先进水平为标准定位教育现代化已成为共识。项贤明认为，教育现代化是以世界最新、最高发展水平为目标的现代化。曾天山则认为，这是一种追赶并达到世界先进教育水平的过程。2011 年 1 月，我刚任校长时，执笔撰写了《高峰学校"十二五"发展规划》，正式书面提出了"高新教育"的理念。这里把"高新技术""高新发展区"的"高新"之意引申到学校教育，认为高新教育是指在教育现代化理论指导下，学校教育通过理念、方式、内容、制度等全方位的转变，实现对传统学校教育的超越性创新，全面提升教育质量，以适应社会和个人不同发展需求的高水平状态。高新教育取义通过"改革创新"探索"提高质量"的新路径、新策略和新制度，最终落实"育人为本"的教育宗旨。其特征如下。

（1）追求高质量的教育。高新教育中的"高"字释义为教育高水平的发展状态，即教育现代化状态，主要体现在高素质学生、高质量教育、高效率课堂和高效率学习等方面。高素质学生是教育现代化的目标，而高质量教育、高效率课堂和高效率学习则是教育发展的状态。这种状态要求教师树立教育质量意识，形成正确教育质量观，通过提高学生的学习质量来提升教育教学质量。毕业生应具备自我教育、自主学习、自主管理的能力，志向高远、学力高强、技能高超，形成良好的学科素养、学习素养和综合素养。培养高素质学生，成为高新教育的质量观。

（2）坚持改革创新的教育。高新教育中的"新"字释义为创新，指创建高质量教育的新体系、新方法、新内容、新标准和新技术等，特指创新型人才。

二、构建"学养立德树人"体系，从元认知哲学层面探索提升学生和教师综合素养的新方式

1. 本位上深化"课堂革命"，提出"学养课堂"概念

德育与教学"两张皮"问题是学校高质量教育面临的瓶颈之一。德育工作的时代性、科学性、实效性和针对性问题，均需从元认知哲学层面寻找解决之道，通过对教学内容、方式和方法的改革与创新来解决。两所学校先后实行了教学改革的"三步走"战略，即生本课堂—学本课堂—学养课堂。

学习生本课堂：在生本教育的指导下，一切以学生的好学为中心，

构建生本课堂。创新学本课堂：通过以学促教，从关注学习方式转向关注学习方法，着力培养终身学习能力，提出以学会学习、学会个性化自主学习为本，构建学本课堂。创立学养课堂：在构建生本课堂和学本课堂的基础上，引领教师明确地培养高素质学生，落实立德树人的根本任务，实施素养课程，提出学养课堂以深化改革。学养是学习的关键能力和必备修养（见图1），是"学会学习"核心素养的中国话语表达。从联合国教科文组织的"学会学习"到中国的"学养"，以中国特色话语体系回归到中国文化传统和教育传统中，找寻"学习"与"修身"、"知"与"行"、"才"与"德"辩证统一和共生合一育人之道。学养为本的课堂有以下三个核心：一是以学生为本；二是以学习素养为本；三是以素养学习为本。用"习养"的方式，把学习素养和必备品格知行合一。引导"学"而"养"之，久久为功！在"学"而养"知"、养"智"的同时，亦要养"情"、养"行"、养"性"、养"志"等，总之，要养"德"。致知、启智、正心、怡情、修行、养性、精神、立志的"学养之道"，亦是中国传统的立德树人之法。

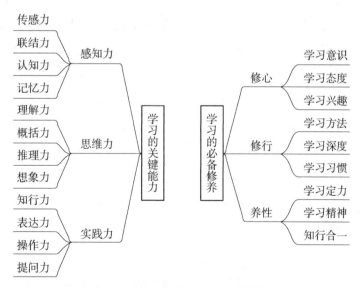

图1　教学改革的"三步走"战略

2. 内容上构建"学养课程"，推进"选课走班"改革

将国家课程校本化、生本化、学本化、素养化统一起来，构建学科素养课程、学习素养课程和综合素养课程的三维立体课程体系。其中，素养课程主要落实"我是谁"的自我认知与内省课程。为了落实"三养合一"，高峰学校开设了100多门选修课，其中面向三至八年级开设音乐选修课14门、美术10门、体育11门；面向六至九年级开设数学基础课程、数学拓展课程、英语基础课程和英语拓展课程；面向一至八年级每学年开设100多门社团课程。高峰学校从小学三年级、创新实验学校从小学二年级开始，在体育、音乐、美术学科实行"选课走班"。

3. 目标上实现"学会学习"，培养创新人才必备能力

两所学校从学习方式和方法入手，引导学生学会学习。实施学会学习工程，各学科安排课时引导学生掌握本学科学习方法，学法指导渗透到每节课，贯穿一至九年级。例如，语文采用微点批注学习法，按照"初读批注感想、朗读批注字词、多读批注问题"的流程，引导学生借助工具书和教学参考书学习语文。其次，从学习态度、学习动机、学习兴趣、学习习惯等四个方面，引导每个学生自主学习。最后，培训教师成为高效学习的导师，从学习能力和学习效率两个方面引导学生高效学习。以丰富学生的学习方式和方法为抓手，探索创新人才培养路径，提出创新人才必备的三要素：自学能力强、实践能力强和想象力丰富。

4. 战略上开展"学养评价"，探索"创新素养"评价

两所学校以学业成绩、学科素养展示和竞赛的方式开展学科素养评价；以阅读学位、学习能力和学习习惯的评价方式开展学习素养评价；以"德恩慈之星"、家务劳动服务学分和行为评语等方式开展修养评价。同时，通过学养"创未来"活动评价体系先行，推动"生本课堂—学本课堂—学养课堂"改革，推进国家课程的校本化、生本化、学本化和素养化。创新实验学校通过"数创未来""语创未来""E创未来""艺创未来""动创未来"等系列创未来评价活动，逐步构建起了学生创新素养活动课程评价体系的整体框架。

三、建立"学本治理"机制，推进治理体系和治理能力现代化

1. 制度上聚焦"管理育人"

传统的学校制度大多侧重于对教师的管理，而学校管理的中心和重心应该是学生。两所学校由对师生的行政管理，转变为以学生的学习活动治理为中心，建立以学生为本、以学生学习为本的现代学校制度。围绕培养高素质学生进行共建共管、共享、共责，形成学校内部治理的现代化体系和能力。例如，学校建立了学生学习常规、学生社团注册制、诚信借书制度等现代学校制度，以提升管理和育人成效。

2. 机制上完善"内部治理"

两所学校以学生为治理对象，进而界定"学本治理"概念：在治理理论指导下，以学生为本、以学生问题为本、以学生学养为本推进学校治理体系和治理能力现代化。学校建立了学生自治、选课走班、双班主任、双师助教、行政大部、绩效工资等内部治理机制。2019年，创新实验学校实施了双师、双班主任制度改革。学校实行"双师教学"，即课堂上除主讲教师外，还配有一名辅助教师协助管理，旨在提升课堂学习效率。双班主任制指每班配两名班主任，统管教学与管理工作，予以学生足够的关注度。问卷调查显示，98.2%的家长认为双班主任对孩子的成长起到了促进作用，94.8%的家长认为双班主任比单班主任好。同时，学校创设了学生发展中心，推进以学风建设、学生学会学习和素养学习为导向的班级治理模式，帮助学生形成自我管理、自主学习和自我教育的意识。

为了激发教师的工作积极性，学校按照核拨与发放完全分离原则制订了教职工工资发放办法，围绕课堂和课程管理开展绩效管理，并完善了岗位津贴量化办法。创新实验学校自开办以来，大力推行内设机构改革，实行分部管理。学校共有初中部、小学部和服务部三个主管部门，

各部门下设专管处。

3. 环境上注重"家校共建"

两所学校建立了学校治理委员会、家长治理委员会、家长义工队和联席会议制度等外部治理机制，定期开展家长学堂、学习型家庭评选、家访等活动。组织学生和家长开展"查族谱，知道'我是谁'""寻家规，了解'家教'""找家训，明确'志向'"等教育活动。实施家务劳动学分制，要求每位学生每学年修满100分，并按比例和分数高低评选部分学生进行表彰。

综上所述，两所学校树立了高质量教育理念，构建了"学养立德树人"体系，推动了学养课程、学养课堂（学本课堂）、学养评价、创新素养评价等改革，全面提升了学生素养，促进了教师专业成长，建立了"学本治理"机制，推行选课走班、双师教学、双班主任制等治理改革，有效推动了学校的高质量发展。高峰学校在2011—2019年间在全国、省、市、区比赛中获奖3 169项，其中市级以上奖项1 940项。自2014年以来，该校连续七届中考成绩名列深圳市前茅。每年多数学科A＋率超市平均率100%，所有学科的A以上率均超出市平均率15%，部分学科甚至超过30%。这所曾经的薄弱"村小"蝶变为学生、家长、社会各界和媒体广泛认可的优质名校。

（此文原载《教育家》2022年1月，"学习强国"App全文转发）

让你的光芒闪耀:"逐光教育"何以可能

周卫锋[*]

捷克教育家夸美纽斯曾说:"教师是太阳底下最光辉的职业。"无数教师以这句话为信条,投身教育事业,这其中也包括我和我们坪山二外的教育人。我们相信,教育是"逐光"的事业。这"光"意味着光明、温暖、希望和力量,而"逐光"是一份信仰,也是一份热爱。我们以"逐光教育"为引领,以"让你(师生)的光芒闪耀"为愿景,相信光,靠近光,追随光,成为光,散发光。在新时代"中华民族伟大复兴"的新征程中,我们担当"为党育人,为国育才"的新使命,做出坪山二外的新作为,谱写深圳教育的新篇章。

一、办学概况

深圳市坪山区第二外国语学校创办于 2019 年 9 月,是坪山区区属的九年一贯制公办学校,隶属于"深圳市坪山高级中学教育集团"。学校位于坪山区马峦街道均田二路以南,坪环路以西,毗邻广东省重点文物保护单位——全国最大且保存最完整的方形客家围屋之一"大万世

---

* 周卫峰,深圳市禹明督学工作室第二批成员,深圳市坪山区第二外语学校校长,第二届深圳市督导评估专家库成员,第七届深圳市督学,深圳市坪山区首届名校长。

居"。学校占地面积 2.46 万平方米，校舍建筑面积 5.1 万平方米，分为文化办公区、教育教学区、生活服务区和体育艺术区四大功能区块，建筑设计呈现"中式庭院"风格。

学校有高位配齐的党政班子引领，专业敬业的行政团队管理，师资队伍学历层次高，整体年轻而充满青春活力。学校设计办学规模为 54 个教学班，可提供 2500 个学位。目前，学校共有教学班 50 个，在校生 2300 人，其中小学 32 个班，初中 18 个班。

学校毗邻大山陂水库泄洪渠沿河公园，校园内外环境优美，为师生提供了绿色生态、幽雅舒适的学习环境。学校按照国家一类学校标准和新课程要求配齐了各项教育设备设施。校园内设有空中运动场、配备多媒体的教室和功能室，有 300 余座的报告厅和 200 座的多功能厅，近千平方米的创客空间、千余平方米的艺术空间、近 3000 平方米的多功能体育馆以及 1600 平方米的图书馆，馆藏图书 8 万余册，这些设施为学生的多元化学习提供了强有力的保障。

开办以来，学校坚持贯彻党的教育方针，落实"立德树人"根本任务，先后被评为广东省义务教育标准化学校、粤港澳大湾区青少年创新科学教育基地成员校、中央电化教育馆智能研修平台应用试点工作试验校、中国科学技术馆馆校结合科技教育基地学校、"中华诗教"深圳示范区建设项目试点校、深圳市青少年校园美育试点校、深圳市青少年校园食育试点校、信息技术能力提升 2.0 工程试点学校、坪山区人工智能实验校，以及坪山区戏剧教育、生涯教育、STEAM 教育试点校等，这些荣誉使学校得以在各个方面践行以"五育融合"落实"五育并举"的办学担当。

二、办学理念

自学校筹建、开办以来，我与创校团队且行且思，边学边做。我们坚持实事求是，结合学校实际研判问题和优势；坚持因地制宜，力求从战略高度思考目标和定位；坚持动态发展，为学校办学提供科学合理的顶层设计。在这个过程中，我们发动全校师生共同参与，凝练办学理念，生发校园文化，优化环境创设。经过系统调研、深入挖掘和充分沟通，推出了具有浓厚时代特征、地域特色和校本特点的坪山区第二外国语学校"逐光教育"文化理念体系。这个体系赋予了学校更高的标准和更严的要求，成为集聚师生力量，推动学校跨越式发展的动力之源。我们还组织了学校文化理念论证会，开展文化理念解读活动，并举办"坪山区第二外国语学校吉祥物"征集活动等。同时，通过学校公众号、画册、宣传海报，以及师生家长解读办学理念的专题报告会等方式，大力推介"逐光教育"，让师生共同诠释文化理念的内涵，明确"逐光教育"的外延，增强了师生和家长的认同感。

在长期的办学实践与思考中，我以"马克思关于人的全面发展学说"和"发展心理学"为理论基础，凝练了我的教育哲学，并提出了"逐光教育"这一概念。我认为，每一个孩子都是独特的鲜活生命，教育的真谛在于尊重生命，长养生命。我相信，每一个孩子都有独特的生命之光，育人的过程就是向阳而生，逐光而行。

"逐光教育"关切人类共同命运的文明延续，尊重个体生命的独特价值，追求每个人全面而自由地发展。由此展开，教育是一项逐光的事业，"光"代表"生命之光"，诠释为"人性之光、家国之光、信仰之光、文明之光、科学之光、未来之光"；学校是孩子生命成长的乐园，育人的过程基于对生命的尊重，旨在保护和发掘生命的无限可能；教师是一群逐光的人，他们以"烛光"为写照，以师者心中之光，温暖学生生命之魂，以师者眼中之光，照亮学生未来之路。

由此确认，我们的教育理念是"追逐生命之光"，我们的教育愿景是"让你（师生）的光芒闪耀"，我们的办学目标是"创建追逐儿童生命光辉的现代学校"，我们的育人目标是"培养担当民族复兴大任的时代新人"，我们的"一训三风"是：

校训：国家　未来

校风：尊重 包容 创造 担当

教风：学高 身正

学风：好学 日进

我们的实践文化是：

管理文化：人尽其才，才尽其用，尊重包容，创造担当。

课堂文化：保持好奇，与众不同，团队合作，创新思维。

教师文化：学高为师，身正为范，潜心育人，爱岗敬业。

学生文化：敏而好学，勤奋日进，自信自强，担当使命。

环境文化：以美育人，幽雅温馨，绿色生态，拥抱未来。

三、课程建设

学校以"马克思关于人的全面发展学说"和"发展心理学"为理论指导，聚焦"逐光教育"哲学，规划学校发展，积极推进课程建设，开发"一核三层四类"的"逐光教育"课程群，建构"逐光教育"课程体系。

"一核"是课程目标聚焦"中国学生核心素养"的核心"全面发展的人"。这一核心源自于马克思主义的终极追求——人的全面而自由的发展。

"三层"是目标设定基于对人的全面发展中"人与自我、人与社会、人与世界"三层关系的考量，落实"中国学生核心素养"中"文化基础、自主发展、社会参与"的要求，衍生出"逐光教育"课程的育人目标画像：强大的生命个体、自信的社会公民、走向世界的文化传播者。

"四类"是课程内容设计从"国家课程、校本特色普及课程、校本多元拓展课程、校本个性特需课程"四个类型出发，开发"逐光教育"课程群。学校坚持开足开齐国家课程，这是办学的基本要求。同时，积极落实广东省深圳市关于心理健康、体育与健康、英语等方面的地方性要求。在此基础上，因地制宜，结合学校人力和资源实际，融入周边社区，兼顾社会和家长的需求，积极开拓校本课程空间——培育外语、科创、阅读等特色普及类课程以促进学生的特色发展；面向学生全体提供丰富多元的兴趣拓展社团活动类课程，以满足个性差异发展的需求；面向个别学生的特殊情况，提供培优扶弱、随班就读类特需课程，以解决个体基本发展问题。由此，学校构建了以国家《义务教育课程方案和课程标准（2022年版）》为指南，以国家课程为基础，以校本课程为发展和补充，实现学生全面发展的课程群落。

"逐光教育"课程体系以"五育融合"落实"五育并举"，既是目标，也是内容和途径。"五育"是党的教育方针所强调的"德智体美劳"五育，即"培养德智体美劳全面发展的社会主义建设者和接班人"。"五育并举"是教育事业"立德树人"根本任务的目标要求，符合马克思主义关于人的全面发展学说的基本内涵。在课程建设实践中，学校在开齐开足开好国家课程的同时，还开发了"人文素养、科学素养、艺术素养、体育健康、劳动教育"等5大类，共计100余门校本课程。这些课程涵盖英语原著阅读、英语戏剧表演、英语影视配音、客家舞麒麟、趣味麦斯、生命科学探索、STEAM工程技术、编程启蒙等多元领域，培育了"跨文化理解教育""科学创新教育"等特色方向。

在"逐光教育"课程实施的过程中，学校秉承"追逐生命之光"理念，将"具身学习"贯穿于课程建设与教学活动之中，通过七大路径实施课程，实现"逐光教育"。其一是打造"逐光课堂"。强调以学生为中心，尊重个体差异，营造身心一致的学习情境，创造多样学习机会，促使学生自主思考。其二是建设"逐光学科"。深挖学科的核心素养价值，以知识的沃土滋养学生心灵，培养他们的思维品质，唤醒他们的"生命之光"，使学生实现自我认知、创造自我价值。其三是组织"逐光社团"。以"实践性、体验感、参与度"为评价指标，尊重学生的兴趣和发展水平，促进个性化发展。其四是创新"逐光节日"。以"儿童友好"理念，构建"1＋N"节日课程，活化校园生态，发挥节庆资源的育人作用。其五是开启"逐光之旅"。通过社会实践和研学旅行，将体验过程转化为学生的实践研究之旅，促进"知行合一"。其六是推进"逐光探究"。通过主题项目实施跨学科研究，培养学生发现问题和解决问题的能力。其七是打造"逐光校园"。将"逐光教育"理念融入校园空间的建设，以环境熏陶、引导学生追求"人性之光、家国之光、信仰之光、文明之光、科学之光、未来之光"的理想。

四、队伍建设

学校目前共有教职工 171 人，其中专任教师 149 人。教师团队包括区名校长工作室和名师工作室主持人共 4 人，以及区中青年骨干教师 29 人，占专任教师比例的 20%；学校具有硕士研究生以上学历的教师 76 人，本科学历 73 人，研究生学历占比达到 51%，本科及以上学历占比 100%；教师中约 80% 毕业于双一流 A 类院校、部属师范院校、特殊类院校、211 院校，以及世界排名前 100 的海外名校。年轻化、高学历化是学校教师队伍的显著特征。

开办之初，我们面临的一大问题是教师队伍的年轻化。这不仅体现在教师年龄轻，还表现为梯队结构不尽合理、骨干教师缺乏以及教育教学经验不足。我们深知，教师是学校课程实施的主力军，教师的质量与水平直接决定了学校教育教学的质量。因此，我们将青年教师的专业发展作为队伍建设的重中之重，在传统的"青蓝工程""师徒结对"策略之外，提出了"青年教师成长共同体"计划，以促进同龄人共学共进，并取得了显著成效。

很快，我们在实践中发现，虽然队伍的年轻化带来了一些挑战，但更多的是优势与机会！高学历的青年教师成长迅速，他们热爱教育、责任心强、好学乐教、团结和谐、精干奉献。这些特征使他们在市、区级教学技能、教学设计、论文评比、说课评课、课件制作大赛中屡获殊荣；各学科教师均能承担区级以上的公开课、观摩课和研讨课。可以说，这支年轻而充满活力的教师队伍，已成为学校可持续发展的坚实人才保证。

在办学过程中，我们越来越认识到，一支茁壮成长的高素质教师队伍是学校实现高质量发展的决定性力量。学校坚持"外引内培"策略，除了在引进过程中严把入口关外，更注重培育自己的优秀教师队伍。学校坚持做好四个方面的工作：一是把师德师风作为教师评价第一标准，强化师德规范与操守；二是引导教师制订个人发展规划，发挥"青年教师成长共同体"作用；三是加强校本教研，鼓励教师在一线教学中成长；四是推进科研兴校，通过课题研究提升教师的教育教学理论水平。同时，学校采用多种途径，搭建多种平台，构建分层分类的培养机制，量身定制培养方案，促进各类教师的快速成长。

学校根据教师专业发展的阶段性，把教师培养目标设定为"麒麟新秀""麒麟标兵""麒麟楷模"三个梯级，三级递进，确立各阶段的工作思路和培育重点。一是"麒麟新秀"——教坛新秀（工作 3 年以内），帮助新入职教师快速融入教师角色，树立专业理想，培养专业态度。二是"麒麟标兵"——骨干教师（工作 3～10 年），通过压担子、搭平台、促交流、拓学习等方式，促使教师挑重担、出成果，挖掘潜力，激活动力。三是"麒麟楷模"——学科带头人（工作 10 年以上），通过跨区域跟岗学习、参与全国研讨、授课展示等方式，塑造教学风格、学科带头作用。此阶段的教师领衔团队、开发课程、编写教材、对接一流资源、努力成名成家。在学校试行"麒麟"教师评选活动中，各类教师在自己的序列里星光熠熠，成为推动师德师风和教育教学的榜样引领者。

教师在"追逐生命之光"的办学理念指导下，激发学生光芒闪耀的同时，也实现了自我价值，绽放了教师专业成长的光芒。全体教师开拓创新、齐心协力、勇于拼搏，取得了优异成绩，硕果累累。自开办以来，教师共获得区级及以上奖项 245 人次，指导学生获奖 1000 多人次，学校立项（含已结题）国家、省市区各级课题 71 个，为学校的发展和教育教学质量的提升作出了显著贡献。

五、学生发展

"逐光教育"指向每个学生的全面发展，重视学生面向未来的素养发展，尤其是"合作"素养的发展。学校大力推动合作学习成为日常教育教学生活的常态。在这一过程中，学校引领教师尊重学生在课堂中的主体地位，激发他们的潜能，使学生在与他人的合作中，激发学习积极性和主动性，学会有效的沟通表达和问题解决能力，提高学习的愉悦感和成功感。合作学习模式历经解读引领、学习研究、分组部署、创意实验、案例征集、教学竞赛等多个阶段，每个学科都在研究和实践一种范式，通过自下而上，以点带面，循序渐进的方式逐步完善。学校重视求同存异，尊重个性，不断推进合作学习课堂文化的形成和落地。合作学习课堂，指向学科核心素养，围绕学生中心，指向学生未来走向广阔人生道路之后的合作、互助、沟通、成就人生的思维习惯的养成教育。合作学习课堂文化对教师的价值取向、教学方法的选择和具体的教学行为具有强大的引领作用。

"逐光教育"以"全面发展的人"为主体目标，以"创建追逐儿童生命光辉的现代学校，培养担当民族复兴大任的时代新人"为两个目标核心，通过"课程设置、文化教育、日常活动、社会实践、制度管理、家校协同"的"六翼"策略开展育人工作，引导每一个孩子追寻独特的生命之光，向阳而生，逐光而行。学校围绕"校园四大学科节日、七大中华传统节日，八大重大纪念日，多彩社团、综合实践、四礼仪式"等资源内容，构建了"一体双核六翼"逐光育人体系，积极探索实现育人目标的途径，落实立德树人根本任务，践行"追逐生命之光"的教育理念，培养担当民族复兴大任的时代新人。

"逐光教育"着眼于学生核心素养的全面提升，探索能充分关注学科关键能力的学业水平评价路径。根据各学科课程标准的要求，我们采取了多元化的学业评价方式。在小学高段和中学部，我们实施了学生的

"综合素养评价"制度。这一评价体系包括"思想品德、学业水平、身心健康、艺术素养、综合实践以及个性特长和突出表现"等"5＋2"个评价模块。每个模块设定了具体的评价内容，区分10～15个观测点。评价过程通过过程性自评、家长评价和老师评价三个维度进行全方位的跟踪记录。我们的目标是引导每个学生发现自我，发展自我，成为最好的自己，让自己的光芒闪耀。在小学低段，我们从学校开办之初就采用了游园形式进行期末学业评价。这种评价公式不使用试卷，不计分数，而是将考试项目转变为一个个智慧闯关游戏，涵盖语文、数学、英语、科学、体育、音乐、美术等7门学科，总共设置了十余个关卡。每个关卡的游戏设计直接反映的是该学科的重点知识和核心技能。学生通过运用所学的知识和技能参与游戏闯关，考官根据学生的现场表现给予相应的星级评定。最后，根据星级评定，给予学生各种奖励。这种评价方式无须试卷和监考，通过玩中评，评中玩的方式，让学生在愉悦的状态下完成了知识和技能的诊断。我们创造了宽松愉悦的评价环境，让每个学生都能在其中找到属于自己的成长路径，体验成功并增长自信，成为最好的自己。

坪山二外自开办以来，在"德智体美劳"五育方面取得了显著的成就。特别是在"跨文化理解"和"科学创新素养"特色方面，以及在身心健康与学业进步方面，学生们都展现出了长足发展，涌现了大量优秀的中小学生，成为深圳中学等大批优质高中的重要生源之一。郭灯辉、黄冬禄两位同学荣获2022年全国中小学信息技术创新与实践大赛全国总决赛二等奖、深圳市选拔赛一等奖；陈泓升、陈建树同学的作品《新时代智能清洁专家》获2023年深圳市青少年科创比赛一等奖；庞梓艺、叶毅辰、王金毅同学的创客作品获坪山区科技嘉年华一等奖；陈楚儿、刘欣蕾、于贺等16名同学在坪山区2023年阳光阅读"亮"课程暨文学节中华经典诵读大赛中荣获一等奖，展示了出色的文学才华。

六、发展规划

学校开办近五年来，始终坚持践行"逐光教育"理念，先后获评全国美育先进单位、广东省绿色学校、广东省义务教育标准化学校、深圳市儿童友好学校、深圳市五四红旗团支部、深圳市少先队工作先进学校、坪山区品质课程示范校、坪山区幼小衔接示范校、深圳市 2020 年度科创特色示范校、2021 年度深圳市阅读特色学校、2022 年度深圳市"双减"示范校、2022 年度及 2023 年度深圳市劳动教育特色校、2021—2022 学年度坪山区少先队红旗大队，以及深派教育 2024 年度学校等荣誉，学校的美誉度日渐提升。如今的坪山二外，办学理念先进，管理机制健全，师资队伍专业而富有青春活力，学生素养全面，教育教学质量过硬，办学特色初显成效。学校快速发展，办学水平和办学效益得到了社区家长和上级领导的充分肯定。

办学路上，我们收获了成长，同时也清醒地认识到，学校正处于高质量发展的关键转型期，各项工作仍然存在一些问题或薄弱环节亟待解决。例如：学校内涵优质化发展不足，尚未能满足社区市民对教育的高要求；教师队伍结构不够合理的问题尚未根治，专业成长路径缺乏体系化，名师数量不足制约了学校的发展；学校建设尚未达到未来教育的高标准要求，九年一贯制一体化培养体系尚不完善；学生家庭结构复杂给学校的教育教学工作带来了一定难度，校家社协同共育任重道远。

基于上述认识，进入 2024 年以来，我们抓住党中央和地方各级政府深入推进高质量发展的契机，积极推进学校高质量发展规划，争创坪山二外高质量发展的新样态。学校提出了"优化学校治理机制""提升校园文化氛围""坚持五育并举育人""完善'逐光教育'课程""强化教师专业发展""共建儿童友好学校"六大工程，并计划通过这些行动实现以下目标：①坚持党对教育事业的全面领导，全面落实党组织领导下的校长负责制；②坚持走内涵式、可持续发展之路，优化完善学校理念体系，提升学校文化的"价值领导力"；③坚持以立德树人为根本任务，落实五育并举的育人要求；④完善"逐光教育"课程体系，培育基于语言与阅读的"跨文化理解教育"与基于课程实践的"科创教育"特色；⑤增强学校在坪山区的影响力，为未来发展奠定坚实基础。

回顾近五年的办学实践，虽然"逐光教育"尚属幼苗，但我们已经窥见其在多个方面的潜力和前景，包括："教育理念的先进性""理论基础的科学性""课程体系的完善性""教师培养的专业性""学生参与的积极性""家校合作的协同性""社会环境的支持性""教育评价的合理性""校园文化的建设性""实践路径的创新性""领导团队的引领性""政策导向的一致性""学生需求的适应性""国际视野的前瞻性""持续改进的动态性"等。坪山二外教育人将珍视当前办学的大好机遇，直面高质量发展的挑战，既要仰望星空，也要脚踏实地，齐心协力深入探索"逐光教育"的蓝海之境，为党为国培养德智体美劳全面发展的社会主义建设者和接班人。

构建师生共同成长的巴学园

——龙城小学"激励·唤醒教育"办学实践

阳湘玲*

深圳市龙岗区龙城小学,地处深圳东部,距龙岗区委区政府不足百米。学校始建于 1995 年,尽管办学历史只有 29 年,但其诞生具有重要的历史意义。它是龙岗区建区以来第一所按城市标准建设的直属小学,伴随着龙岗区的发展一起成长。

回顾龙城小学的发展历程,大致分为三个十年:第一个十年是伴随着区域农村城市化进程的十年,学校完成了建章立制、学科建设等规范化工作;第二个十年是新课程改革的十年,学校不仅在教育教学中取得了显著成绩,还形成了鲜明的科技和艺术特色;第三个十年,自 2017 年起,龙城小学正式成为龙岗区首个 12 年一贯制教育集团——龙城高级中学教育集团的一员,学校制定了"十四五"发展规划,步入了高质量发展期。

目前,龙城小学有专任教师 91 人,在编教职工 87 人,学生 1 619人,共 31 个教学班。学校师资队伍发展均衡,名师、骨干和青年教师梯队合理成长,区级以上骨干教师达 67 人次。

---

* 阳湘玲,深圳市禹明督学工作室第二批成员,深圳市龙岗区龙城小学党支部书记、校长,第二届深圳市督导评估专家库成员,深圳市优秀督学,深圳市中青年骨干教师,深圳市龙岗区阳湘玲名校长、名师工作室主持人。

一、缘起

站在巨人的肩膀上办学，是一件非常幸运的事情。作为龙城小学的第五任校长，自2017年接手以来，我和班子成员们共同制定了任内的第一个五年计划。首先，是做到办学思想和学校特色的传承，我们延续了老校长的办学思想——"激励每一个人充分发展"，并在此基础上提出了"激励·唤醒"教育。"激励·唤醒"教育的内涵在于激发学生生命需求的主体精神，实施面向全体的教育，在普及的基础上培优。我们注重阅读和身心素养的提升，唤醒孩子持久的自我驱动力，为学生打下坚实的身体和精神基础，构建动态交互式的师生关系。同时，我们提出了新的办学愿景——"创建一所尊重每个独特生命个体，促进生命成长的巴学园"，明确了学生培养目标——"培养有家国情怀的新时代公民"。

"巴学园"的命名来源于一本儿童文学书籍《窗边的小豆豆》。小豆豆是一名行为异常的孩子，曾被许多学校拒之门外，但在巴学园里找到了归属和希望。巴学园里有着与众不同的校门，学生可以自由选择课程，老师们会根据儿童的特点选择他们乐于接受的教育方法，最最特别的是小林校长：他尊重每一个孩子，他会蹲下来跟孩子说话，并连续几个小时认真地倾听小豆豆的诉说。为了让孩子们在午餐时均衡营养，他会引导孩子们说："你们今天带了'山的味道和海的味道'了吗?"这种尊重孩子、因材施教的方式让小豆豆度过了快乐的小学生活。长大后，小豆豆成了家喻户晓的儿童文学作家和电台节目主持人。

我们期待全校管理者和老师们都能像巴学园的小林校长一样，蹲下来，尊重儿童、倾听儿童、读懂儿童。

二、课程建设

课程建设是实现育人目标的重要载体，为了使"激励·唤醒"教育得以落地，我们开始了龙城小学"激励·唤醒"课程体系构建的探索。

首先，我们将"培养有家国情怀的新时代公民"这一育人目标细化为家国认同的责任担当、探索求真的科创精神、着眼未来的时代眼光、适应时代的强健身心四个维度。

家国认同的责任担当出自《大学》中"正心、修身、齐家、治国、平天下"的理念。我们希望龙小学子在人文精神的涵养与积淀中传承文化，在日常学习与生活中谦逊友善、崇德尚礼，在情感和行动上热爱国家，培养强烈的社会责任感。

探索求真的科创精神，即在思考探索中培养家国情怀，以创新创造驱动实现中国梦。"中国的强国之梦，要依靠科技创新为新的载体"，"科技创新水平是一个国家的核心竞争力和综合实力的体现"。我们期待龙小学子在学习过程中注重思考，以理性的思维对问题进行观察、比较、分析、综合、抽象与概括，敢于批判质疑，在实践与探究中形成创新思维，培养创新能力。

着眼未来的时代眼光，即以开放的心态感知世界，以包容的心态欣赏多样文化。龙小学子在学校课程的引领下，拓宽视野，了解并尊重不同国家的文化。在多元的文化和艺术的熏陶中，学会感受、欣赏和表达，创造出独具个性的丰富作品。

适应时代的强健身心，即培养积极向上、健康和谐的精神风貌。身体健康是人生活成长的基础，而作为能够适应现代社会的新时代公民，龙小学子不仅热爱运动，拥有健康的身体和阳光的心态，且自律自立，具备自我管理的能力、适应时代的强健身心。在经济全球化、文化多样化、社会信息化的今天，每个人都应具有开放的心态和强健的身心，以全球视野关注未来世界，以强健身心迎接未来人生中的挑战，逐步成长为能够适应个人终身发展和社会持续发展所需要的新时代公民。

其次，课程的多元化旨在激发并唤醒学生生命中的无限可能性。我们以国家课程为依据，在纵向上构建"激励·唤醒"教育课程体系的四大课程领域：品德与人文、数学与科学、世界与艺术、体育与健康。同时，将学科形态课程、探究形态课程、活动形态课程、职业形态课程作为横向分类基准，形成了学校的课程体系结构图。

"学科形态课程"，涵盖了国家课程和课外拓展延伸，旨在深化知识的学习、提高学生的认知水平，其功能在于通过认知教学培养人的理性能力；"探究形态课程"，引导学生以探究的方式进行学习，着眼于运用所学知识和工具，发现并解决问题，深化以问题为导向的跨学科研究性学习；"活动形态课程"，通过校园五大学科节和丰富的德育主题活动，引导学生在活动中获得直接经验，指向学生价值情感教育和实践精神培养；"职业形态课程"，引导学生增强对职业的理解、体验和认知，培养学生对未来从事任何职业的理想追求。

以语文学科为例，在"学科形态课程"中，我们既落实国家课程要求，同时又进行了拓展延伸。例如，五年级第七单元的自然主题课内学习后，学生们意犹未尽，老师便引导他们到学校对面的龙潭公园观鸟并记录观察结果，随后，师生共同撰写观察日记并编成了一本书《飞过你的天空——和你一起观鸟》。此外，学生在学习语文课本之余，还开展整本书阅读、国学经典阅读等学习课程，学校还开发了校本课程"龙城小学分级阅读手册""悦读·阅读"，加入"中华诗教"深圳示范区试点学校，用诵读吟唱的方式表达古诗词。

在"探究形态课程"方面，一年级的学生受到课文"动物儿歌"的启发，在课间活动中，他们在学校茂盛的植被中发现了各种小动物。他们开始探索这些动物的种类、外貌、生活习性和生长过程。他们向老师提问，查阅资料，绘制小绘本，并记录观察日记……这些活动成就了《我和35只螳螂的故事》和《玄凤鹦鹉成长记》等作品。从低年级延续至中年级，美术、科学和音乐等多学科都参与其中，共同探索跨学科主题学习"昆虫仿生设计"。此外学校还开展了客家民俗探秘、二十四节气之鹏城表达以及汉字王国遨游等项目式主题学习。

"活动形态课程"更是学校课程的丰富体现。学校每年有四大节庆活动，新年伊始即迎来"悦读节"，持续一个月的活动包括猜灯谜、我最喜爱的课外书演讲、诗词讲解、分年级集体国旗下经典诵读、课本剧表演、扇上诗画、人物模仿秀以及作家进校园等各项精彩纷呈的活动。此外，每周五下午，62个社团同时开课，孩子们可以参加模拟法庭、3D打印、手工花艺、原创诗经音乐等社团活动，感受不一样的课堂乐趣。

"职业形态课程"就在学生日常的学习和生活中，例如，他们可以担任值日小老师、龙城小记者、超级辩论家、小小园艺师、吟诵小老师、金牌宣讲员和巴学园银行家等角色。

我们坚信：一流学校的课程体系是高品质义务教育学校的关键标志。在课程实施上，我们进行了弹性化的课时设置，20分钟的微课时进行晨诵、午写、大课间活动；40分钟的中课时服务于国家课程；80分钟的长课时则进行跨学科融合的社团课程。

课程评价是导向，我们成立了课程评价委员会，针对教师课程实施、学生能力发展等进行过程性、表现性和综合性评价。教师的综合素养、教学目标、内容、方法、手段都是评价的维度；而学生评价方面，我们特别推出了最受他们喜爱的——龙小巴学园银行，以小组为单位，对小组每个成员的课堂表现、课后作业和日常行为进行捆绑式评价，加分存"钱"并给予奖励，期待学生在互帮互助和分享中共同进步。学校的课程体系被评为2019年深圳市"好课程"学校课程体系，连续几年获得深圳市"家校共育典范学校""广东省科技教育特色学校""广东省艺术教育特色学校"和"深圳市体育特色学校"等殊荣。

三、学校治理

教师是实施课程的主体，也是学校发展的根基。我们设定了教师发展目标——"培养有爱心、责任心的学习型教师"，并坚持"以生命激励生命"的教风，树立以人为本的制度文化，营造团结友爱的团队文化。我们尊重每一个独特的生命个体，努力营造一个和谐、包容、积极向上的教育环境，在教学相长中促进师生共同成长。在这里，每一位教职员工都是教育者、每一个教职员工都值得被尊重。

课堂是实施课程的主阵地，帮助和促进教师专业能力提升是管理者的第一要务。

首先，全员培训整体推进，我们组织教师学习"理解教育"的思想精髓，倡导教师和学生互相理解，实现"亲其师信其道"的目标。在建立良好的师生关系后，再进行课堂教与学方式的变革。

紧接着，我们结合学科特点，打造基于差异和学科特点的问题导向课堂，外请高校导师进课堂指导，向课堂 40 分钟要质量。从优化教师的备课方式——采用"四重备课"，到实施作业优化的"一二三"策略、定期分年级进行教学视导，组织行政和名师工作室主持人引领、跟踪落实，并为每个学科配备学科导师等多种方式加以推进与落实。同时，我们制定了学科核心素养分项评价评价细则，编入学生成长手册，从"备、上、改、评"等方面进行全过程推进。学校的教学质量在实施课堂变革的第二年就初见成效，荣获龙岗区小学学业质量优秀奖。

现代化治理是实现学校高质量发展的根本保障。我们加强党组织的领导，自 2017 年起在龙城小学每周设立一次党政联席会议事制度，实施民主决议。我们改革组织架构，将合作文化融入管理队伍中，强调互相补台、合作共进的管理文化，充分发挥领导者的群体合力。在专业发展上，行政人员要成为学科中的首席，带头上示范课，以及每周参加科组教研活动。

此外，学校还敞开校门办学，成立"家校联合会"，让家长走进学校，参与学校的教育教学管理，在理解的基础上建立和谐的家校关系。同时，我们积极争取政府的支持，进行校园安全整治、厕所革命改造和班级电脑平台的更换，使这所办学近 30 年的老校焕然一新，师生幸福指数提升，办学环境得到优化。

2024 年，是龙城小学步入第二个五年计划的第二年。我们将继续推进"学校发展实施策略六大工程"，让刚走过二十九个春秋的龙小继续向着夯实基础，办人民满意教育的方向奋楫扬帆、破浪前行。

多彩课程赋能学生多元发展

肖　毅[*]

南方科技大学教育集团（南山）实验一小（以下简称"南科大实验一小"）是南山区政府与南方科技大学合作创办的第一所全日制公办小学，隶属南方科技大学教育集团。学校地处西丽湖科教城中心位置，周边丰富优质的高校资源为学校的高质量发展提供了强大的智力支撑。

近年来，学校结合高校附属学校的特色、南山区大学城的地域资源以及学生的成长需求，将知识技能学习与跨学科学习、学生创新精神和实践能力的培养有机结合起来，通过进一步完善原有的课程体系，促进学生的多元成长，并取得了积极成效。

一、聚焦时代发展需求，构建课程框架

高速发展的深圳期待培养多元文化理解能力、创新素养以及在新时代背景下提升合作力与竞争力的课程。在深圳精神和南山素质的哺育下成长的青少年，需要增强多元文化理解能力、合作力和竞争力，树立人类命运共同体的意识，提高参与国际事务的能力，增强探索未知的勇气。

---

* 肖毅，深圳市禹明督学工作室第二批成员，深圳市南方科技大学教育集团（南山）实验一小党支部书记、校长，深圳市南山区兼职督学，深圳市南山区名师。

基于此，南科大实验一小的多彩课程体系围绕学校的"家国情怀、全球视野、面向未来"的育人目标展开。学校以"厚德、启智、弘毅、日新"作为育人目标的四大基石，构建了"三阶四领域"的课程结构，"三阶"是指面向全体的基础性课程、面向群体的拓展性课程，以及面向个体的研究性课程；而四大领域课程涵盖：人文社会、数智创新、审美健康和国际理解。这些课程不但注重学生的家国情怀、创新能力、合作精神和实践能力的培养，还关注身心健康发展和中西文化融通，所有课程均围绕核心素养的育人目标展开。

"三阶四领域"的多彩课程体系，建立了基于信息技术的线上线下融合模式，借助大学资源，连接学生生活，并联合校内外"教育第三空间"以丰富的课程供给方式支持学校的教育目标，创新了核心素养的达成机制，特别关注过程性评价，有效推动了教育教学水平的提升。

二、推进基础课程建设，优化课程设置

南科大实验一小的基础性课程包括道德与法治、语文、数学、外语、科学、信息技术、体育与健康、艺术、劳动以及综合实践活动等基础性学科。这些课程采用国家审定的教材，基于《义务教育课程标准（2022版）》实施教学。

在新课标的指导下，学校以整合思维推进课堂教学改革，摒弃了按统一教材设定统一教学内容与教学进度的传统方式，打破学科课程边界，进行课程结构的重新架设，开展跨学科学习。例如，在低年级阶段，尝试将语文与音乐、美术等艺术课整合；而在高年级，尝试将语文写作、数学统计等内容与科学、英语等学科整合。这种整合不仅仅是简单的学科知识链接，而是渗透和交叉，旨在形成融会贯通的知识体系。

学校同时坚持开展以核心素养为导向的集体备课，围绕大单元整体教学开展教研活动。教师们对单元内容进行分析、整合、重组和设计，

将同一主题、同一文体、同一单元的内容，进行教材内容的整合，形成具有明确的主题、目标、任务、情境、活动、评价等要素的一个结构化、多元化的大单元学习。这种特色鲜明的教学模式被称为"素养课堂"，旨在提升学生的核心素养和关键能力。

三、深化拓展课程实施，打造特色品牌

为落实国家课程标准及学科核心素养，凸显高校附属学校的办学特色，南科大实验一小在扎实落实基础课程的基础上，开设了激发学生"好奇心"的拓展性课程，主要涵盖以下三个方面。

（一）大学资源课程

为响应教育强国、科技强国、人才强国战略，培养具备科学家潜质的儿童，力争把学校打造成"拔尖创新型人才培养"的摇篮，学校依托高校附属学校的特色和大学城的地域资源，开启了合作共育新篇章，在共育方式上，从"散点合作"转向"序列整合"；从"单向引领"转向"双向奔赴"；从"知识获取"转向"精神浸润"。在课程体系上，基于新课标与多彩课程体系，学校根据小学生的身心发展特点，以大学院系为单位设置课程内容，分别对接学校一至六年级学生。每学年，近30位来自南方科技大学、北京大学等高校和机构的院士、教授和专家组成的团队共授课50余节，进行科学、工程、财商、法学、医学和艺术等领域的知识普及。

此外，学校每年还选择一个南方科技大学的故事进行演绎，将高等教育融通基础教育，以培养师生对大学的景观与建筑、荣誉与奋斗、理想与责任的精神向往与情感自豪。例如，在剧场课程"归国教授"中，学生通过身临其境的体验，真切地觉知到爱国精神是具体的生命个体面对困境时勇敢抉择的重要力量和价值取向。

（二）戏剧德育课程

为培养学生的社会情感学习（SEL）能力，南科大实验一小探索实践戏剧德育课程。从学生的身心特点出发，化用经典文学故事，活用高校科研故事（尤其是身边科学家的故事），聚焦"行为规范、情绪管理、自我控制、人际交往、价值认同、价值追求"六个方面，开设了系列教育戏剧班会课程。学生通过独特的亲身体验，自然而然地融入真实的教育情境，主动发现、想象、建构和解决真实问题，表达真实情感，提升社会情感，促进德育内化，继而影响学生在现实生活中的抉择与行动，为培养能够应对复杂情境的未来公民奠定基础。例如，在一年级的入队班会课程"鸡毛信"中，孩子们通过"两难困境"体验到了儿童团美好品质背后的点滴行动，无形中认同并接受了新时代少先队员应具备的规则意识和责任意识。基于戏剧德育课程特色探索与实践，南科大实验一小于2024年4月成功举办了全国第三届青少年德育创新研讨会，取得了丰硕的成果。

（三）国际理解课程

学校秉持"天下大同，和而不同"的中外人文交流理念，设计和开发了三个"教育部中外人文交流示范校"的特色项目："英语编纂中国经典成语故事""荔小智带你游南山"和"非正式会谈"，旨在全面助力学校课程核心素养的走实。

人文素养提升项目之"英语编纂中国经典成语故事"扎根于中国传统文化土壤，通过将中国成语故事进行英语绘本的课程编译和动画制作来激活课堂。这一项目采用"3+3"的输入与输出模式，传播中国美学和智慧，体现"小故事，大道理；小窗口，大世界"的理念。

"荔小智带你游南山"借助学校原创的AI智能形象"荔小智"，在数字信息渲染的场景中，与真实的小学生同处一个空间，共同游历南山，介绍南山。此项目在弘扬深圳精神和南山气质的同时，增强了学生的荣誉感、认同感和主人翁意识。

"非正式会谈"是学生通过线上和线下"非正式"方式与世界各地的师生、家长以及其他领域人士，就当下普遍关心的热点话题展开讨论，进行沉浸式的脑力激荡。在文化互鉴与多元融合的价值思考中，学生们寻求多元的解答，并在碰撞中求同存异。该项目自启动以来，南科大实验一小的师生们已先后与大湾区、加拿大、苏格兰等地的姊妹学校开展了共读绘本和深度教研等对话活动，分享多元文化，促进彼此共同发展。

四、创新研究课程统整，落地项目学习

在教育教学中，南科大实验一小立足已有经验，通过升级课程内容、形式与评价，创新优化研究性课程，促进学生深度参与的探究式学习。一方面，学校探索 PBL 项目式学习，有效整合课程、师生互动、学习时空和技术支持等核心元素，努力打破学科内容之间以及学科间的边界。例如在职业日设计、职业调查和职业规划等活动中，学校基于多元智能理论和生涯彩虹图理论，引导学生带着问题走出校园，走进南科大、深大、中科院先进研究院、深大总医院等机构开展探究学习。通过将职业愿景、理论学习、实践探索和观摩体验等有机结合，促进学生对自我、社会和未来的探索与思考。

另一方面，在未来社会智能化发展的背景下，学校传承南科大基因，以丰富多样、特色鲜明的数智化方式，探索开展科技创新类课程。通过引入人工智能课、大学资源课程、校企合作项目、科学嘉年华活动、共读《超新星纪元》、开设"阅剧场"等形式，开展科创教育，聚焦思维训练和科学人文素养的培养。

五、升级多彩评价机制，指向核心素养

教学要以尊重学生个性、正视学生差异为基点，寻找学生的闪光

点，并运用多方面的激励方式，以提升学生的学习自信心和内在积极性。秉承这一理念，学校结合"让每个孩子都出彩"的教育愿景，将评价内容划分为过程性评价和终结性评价。过程性评价侧重评估学生的日常学习态度、学习习惯和参与活动的积极性等。终结性评价分为学业测试和综合展示两个方面。学业测试和综合展示主要根据各学科课程标准的要求，对学科中的基础知识和基本技能进行师生、家长与学生的分项多元测试。高年级主要采用传统的纸笔测试，低年级则注重游戏性和活动性评价，具体形式包括一至三年级的"摘星，我行！"和四至六年级的"73＋星级"活动。此外，学校有针对性地就学生的学科素养制订具体化的评价量规，通过学生的实践、操作、写作和思辨等活动来评价其表达能力、思维能力、创造能力和实践能力。

……

聚焦未来发展，南科大实验一小将以"厚德、启智、弘毅、日新"的校训为旗帜，继续优化课程结构。学校将统筹构建"基础性课程、拓展性课程和研究性课程"互补融合的课程结构，推动学校高质量发展，力争把学校打造成"拔尖创新人才培养"的摇篮！

皇岗创新实验学校
"OPEN·融创·PBL"课程体系

吴文东*

在教育 3.0 时代背景下，我们不再局限于传统工业化教育模式，而是利用互联网、云计算、物联网等新技术，打破时间和空间的限制，再借以 PBL 等教学方式，实现个性化教育，以培养具备多种素养、全面发展的未来人才。为此，我们学校在课程建设上进行了大胆的探索，初步建立了"OPEN·融创·PBL"课程体系。

一、课程定位

课程理念

本课程体系以"打开自己，我创未来"为核心理念，提炼"OPEN"为课程构建关键词及主导理念，强调开放包容、开拓进取、引领未来的教育态度；基于"打开自己"理念，体现共同体式和协同创新式教育，构建了共同体生态，实现了教学形态的翻转和多方面的贯通。通过赋予"融创"概念统领，形成了课程理念的第二维度；再借以项目式学习（PBL）这种以学生为中心的教学方法，通过让学生参与和

---

* 吴文东，深圳市禹明督学工作室第二批成员，深圳市福田区皇岗创新实验学校副校长，深圳市福田区兼职督学，深圳市福田区优秀督学。

完成具有实际意义的项目来促进学习，让学生在解决真实世界问题的过程中，主动探索、学习和应用知识。

（二）课程主导理念三内涵

OPEN 一：打开学校及教育教学主客体。

OPEN 二：打开自我、打开学科、打开边界。

OPEN 三：开放包容、开拓进取、引领未来。

二、课程目标

（一）目标提出

基于中国学生发展的核心素养与学校育人目标（培养乐于学习、善于合作、勇于探索、敢于担当的未来英才），提炼出校本核心素养：培养学生积极乐观、合作共进、探索创新、高尚优雅的素养。

（二）素养模型

分解"OPEN"字母内涵，形成 OPEN 课程目标模型：

O→Optimism　积极乐观——打开自我：身心健康、自信阳光、乐学向上。

P→Partner　合作共进——打开团体：沟通交往、合作共享、领袖气质。

E→Exploring　探索创新——打开学科：动手实践、探索创新、技术运用。

N→Nobility　高尚优雅——打开胸怀：品德高尚、气质优雅、责任担当。

（三）课程目标图谱

如图 1 所示，这是一棵展开的四叶草，每一片叶子代表着一个核心

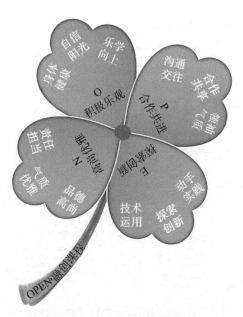

图 1　OPEN·融创课程体系图谱

素养课程群，彼此既相互独立，又通过经脉相互融会贯通，代表着"OPEN·融创"课程是一个学科内拓展、跨学科融合的课程体系。

三、课程结构

基于 O-P-E-N 四个课程素养目标，统整学校整体课程，同时将课程所进行的空间体系纳入课程的一部分，充分体现未来学校空间对课程的支撑与重构。

课程体系

基于 O-P-E-N 四大校本核心素养，进一步分解每一个素养下的课程目标，形成具体的课程主题，并设计相应的课程内容，形成不同的课程模块。这些模块包括：

O→Optimism　积极乐观——生命健康课程群。

P→Partner　　合作共进——合作探究课程群。

E→Exploring　探索创新——探索创新课程群。

N→Nobility　高尚优雅——道德修养课程群。

基于以上分解目标，落实五育并举，统整课程群如图 2 所示。

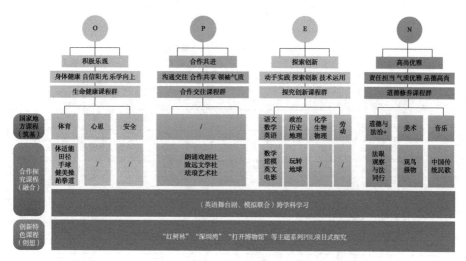

图 2　课程群

四、课程实践创新

（一）打开学科

1. 跨学科融合学习：打破界限，整合知识

打开学科，意味着打破学科界限，进行知识整合，实现跨学科和融学科教学。我们鼓励学生超越传统学科的界限，通过整合不同学科的知识和技能来解决问题，注重加强本学科与其他学科的联系，培养学生运用本学科知识解决跨学科问题的能力。不同学科的教材中，许多内容互为联系，可以相互交流和沟通。学生在利用其他学科学习的知识和经验的同时，能够解决本学科的问题，从而体现未来教育的融会贯通。

2. 项目式学习：实践中的学习与成长

项目式学习（PBL）是一种动态的学习方法，通过选择项目让学生更早和更深入地面对和解决现实生活中的问题。项目式学习过程并不鼓励学生通过一个既定的方法解决问题，它更强调学生在试图解决问题的过程中发展出来的技巧和能力，包括如何获取知识，如何计划和控制项目的实施，以及如何加强小组沟通和合作等，着重培养学生的成功素养。我校每学期开设 35～45 门 PBL 课程（见图 3）。

2023--2024学年第二学期PBL课程

序号	课程名称	课程老师	上课地点
1	舞动风采――啦啦操队的创建与训练	林绮雯	负一楼舞蹈室
2	和声共鸣――校合唱队的创建与训练	吴昊鹏	负一楼合唱室
3	排球俱乐部的创建与训练	李鹏	负一楼体育馆1
4	乒乓挑战队的创建与训练	赵希远	负一楼走廊
5	手球俱乐部的建立与管理	王佳乐	负一楼体育馆2
6	篮球训练营的策划与运营	刘纪方	负一楼体育馆2
7	畅游泳池――水上安全与游泳技能发展	何健飞	负一楼游泳馆
8	田径队的创建与训练执行	邹清萍、吴辰奇	田径场
9	足球联赛的组织与管理	李天奇、肖树军	操场
10	心理健康宣传微视频创作	蔡笑群、孙艳琴	七年级6班
11	探索心理学――心理剧创作与表演	王云莉、罗丽滢	一楼113
12	珐琅艺术创作与展览	杨雨樱	3楼美术室（325）
13	传统与现代――国画艺术的创新与展示	欧家祥、吴振声	607
14	探索软陶与生态材质的结合	姚芳	608
15	书法之美――硬笔书法的创作与展示	陈汉	604
16	追风逐鸢yuān――探索传统与创新的纸鸢设计	窦秋磊	316美术功能室
17	致远文学――从经典到原创的创作体验	林文馁、刘秋杏	426
18	文旅之声――文化旅游攻略及游记的文学表达	吴红燕	512
19	创新设计――从概念到实物的3D打印之旅	孟昭莹、任冉冉	3D创课室（611）
20	朗诵戏剧――策划并演出一台戏剧	鄢仁、刘秋杏、王咪	八年级1班
21	数学在生活中的应用――探索与解决实际问题	王祯、孙柠竹、徐梦杰	八年级2班
22	美食之旅-在英语阅读中探索全球健康饮食	曹红梅	八年级3班
23	探索生物学与社会的关系	刘馥源、林志彬	八年级4班
24	玩转地球――探索地球的奥秘与可持续发展	戴艳芳、梁晓瑶	八年级7班
25	Fun Fun English――探索英语的趣味世界	周素芳	八年级8班
26	银幕英语――探索电影中的英语世界	王菲箔、李京杰	八年级9班
27	穿越时空的探索――重现世界古代历史的精彩瞬间	许芷晴、石晓珍	八年级10班
28	全球视野――模拟联合国大会	王钰淇	八年级11班
29	音乐之声――探索英语歌曲中的学习之旅	赵少莹	七年级1班
30	词源探秘――英语单词起源的趣味之旅	吕冶英	七年级2班
31	与法同行――探索法律在日常生活中的应用	孔冬梅	七年级3班
32	地理经略――揭秘我们身边的地理密码	麻福伟	七年级4班
33	自然之眼――深圳地区鸟类观察与摄影	黄聪、杨小红	七年级5班
34	深度阅读――探索文字背后的世界	欧阳	七年级7班
35	宪法与我――青少年的法治信仰与实践	母玲凡、刘嘉欣、叶晨娟	七年级8班
36	穿越古今――模拟体验中国古代生活	石晓珍、曾佑濱、施光武	七年级9班
37	探索与表达――英文学术论文的撰写之旅	周劲序	七年级10班

图 3　2023—2024 学年第二学期 PBL 课程表截图

3. 探究式：主动探索，深入理解

探究式学习以学生为中心，在教师的引导下，倡导学生主动参与和互助共进。通过从学科领域或现实生活中选择和确立主题，教师在教学中创设类似于学术研究的情境，让学生在动手做、做中学，主动地发现问题；通过实验、操作、调查、收集与处理信息、表达与交流等探索活动，从中获得知识，培养能力，发展情感与态度，特别是探索精神与创新能力，并对学科知识深入理解并加以应用。

（二）打开边界

1. 空间变革

基于未来教育 3.0 的空间变革，构建 O-P-E-N 各中心，包括：

OPEN 健康中心：体能培养、心理健康教育、情绪与行为调节（体育、心育）

OPEN 生活中心：劳动实践与生活体验（劳育）

OPEN 创新中心：学习与创新探究（智育）

统整学校空间，"空间即课程"（见表 1）：

表 1　OPEN 空间课程的类别及课程目标

空间课程	空间类别	课程目标			
		O	P	E	N
OPEN 空间课程	学习空间	OPEN 健康中心	OPEN 生活中心	OPEN 创新中心	OPEN 人文中心
	公共空间	校园软硬件、校园文化物化体系、未来学校特色设计、跨学科融合空间设计			
	校外空间	基于家庭、社会、企业、政府、高校资源下的学习空间			

2. 构建学习共同体

基于课堂资源和空间功能，我们致力于将学习变成一个社会化的过程，让教师、学生、家长以及更广泛的社区成员参与其中。我们创建学生自主探究学习的共同体，鼓励彼此之间互动、合作和共享，以促进知识的共同构建和个人及集体的学习成果，从而实现共同成长。

3. 家校社资源聚合

整合学校、家庭、社会、高校、政府和企业资源，形成资源集成中心与空间展示系统（将资源课程化，呈现于学校空间），为学生提供更加丰富和多元化的学习体验，形成一个协同的教育网络，以支持学生的全面发展。

4. 师生共研课程

教学的最终目标是帮助学生理解并掌握相应的知识，鼓励教师与学生打破传统边界，基于问题与需求开发"师生共研课程"。这种方式可以更清晰地了解学生的需求，并强调教师与学生之间的合作与交流，共同参与课程的开发与实施，从而开发出学生更乐于接受的课程，让教学发挥最大的效能。

(三) 打开未来

1. 信息化智能体系

基于智慧技术的数据驱动型课堂（大数据精准教学）、AR/VR 体验中心（真实情境体验）、云计算中心（整合、共享资源）、大数据中心（精准教学、基于证据的评价）、人工智能设施设备（个性化学习与知识获取），共同构建先进的教育环境，促进学生全面发展和未来成功的准备。

2. 基于个性化的选课走班制

基于学校的实际情况，小学阶段的一至三年级实行常规的行政班制，四至九年级实行"行政班制 + 选课走班制"（分层教学体现在基础学科国家课程在行政班完成，PBL 及社团课程按选课走班制进行），以实现更加个性化和灵活化的教学安排，满足不同学生的学习需求和兴趣特长。

五、课程评价

(一) 数字化评价

基于大数据技术，从教师、学生、课程三个维度实现精准、客观、基于证据的评价，并通过技术形成学生数字档案袋，以大数据画像，评价指导学生的个性化成长，形成"一人一档案，一人一规划"。

（二）增量评价

实行 PBL 选课走班制教学后，班级之间学生的学业基础往往存在较大差别，会增大教学评价的难度。为了提高教学评价的可行性，可以考虑：教学班根据学生的学业基础组成平行班，并采取传统的评价方法对教师进行评价；学业基础相差较大的教学班采取增量评价的方式，如将教师接任时学生的学科情况与任教结束时学生的学科情况进行对比评价，采用等级分提高的方式进行评价。

六、保障体系

（一）制度保障

建立健全教师专业发展制度，打造"研究＋实践"型教师队伍。包括：深化制度建设并强化制度执行；建立并逐步完善决策制度、申报制度、教研制度、评价制度和滚动更新制度等；成立制度运行保障工作领导小组，制定并完善制度运行保障办法，强化制度运行，提升治理效能。

（二）资源保障

盘活学校教育资源并提高资源的利用效率，包括：从内部挖掘学校教育资源的潜力，如课程资源库、拓展性选课平台等；从外部扩充优质资源的流入，如寻求校外专业机构的合作，有效利用家长资源，争取教育资金的有力投入等，以实现对学校内外部人、财、事、物等资源的完美整合，从而提高课程实施的效率。

（三）设施保障

良好的基础设施是支持教学工作的必要条件。通过筹建多功能厅、实验室、智慧教室等硬件基础设施，为课程的开展提供保障。

七、课程特色

（1）体现以人为本，围绕核心素养，实现"学科体系化""空间课程化"和"课程无边界"。

（2）形成教育教学共同体，在"打开"理念的引领下形成师生、家校社教育生态共同体。

（3）实现未来教育个性化需求，构建多种教学与学习模式，实现学生自主、自觉学习，成就全面发展与个性化发展的统一。

（4）呈现创造性的学习与教学成果，打破"唯分数论"，构建公平、科学、多元、开放、立体的评价体系。

基于"创先教育"的课程
体系建构与实施

吴熙龙[*]

陶行知先生曾经说过,"教育界责任之最重要且最紧迫者,莫若利用教育学解决学校课程问题。盖课程为学校教育之中心,假使课程得有圆满解决,则其他问题即可迎刃而解"。

一、明确办学理念,引导课程建设方向

课程是教育的基础,在人才培养中发挥着核心作用。2017 年 9 月,太子湾学校成立,提出了以"养浩然大气,创时代之先"为核心的"创先教育"文化体系,确立了"建设一所中国根、国际范、创先型的现代学校"的办学目标,致力于培养具有"家国情怀、全球视野、创新精神、领袖气质"的未来社会英才,并以此作为学校课程体系建设的价值引领。

二、围绕育人目标,构建学校课程蓝图

课程体系的设计基于一定的课程设计理念,同时也在培养目标(见

---

* 吴熙龙,深圳市禹明督学工作室第二批成员,深圳市蛇口育才教育集团太子湾学校党总支书记,第六届深圳市督学,深圳市名师。

图1）的指引下进行。因此，学校在课程体系顶层设计中，始终将课程建设与学校的教育理念和育人目标紧密联系，精心设计了"五维三层式"的课程结构体系（见图2）。"五维"指的是引领学生发展的五个方面的核心素养，也是太子湾学校校本化的培养目标，包括"身心和谐、家国情怀、全球视野、创新精神、领袖气质"。这些品质构建了一个具备领袖潜质的未来社会英才的形象，充分体现了"三个一"的内涵。"三个一"可表述为"一横一纵一中心"。"一中心"指的是身心和谐。

图1　培养目标：引领未来发展的创新型人才

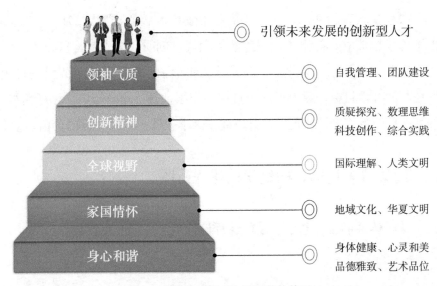

图2　"五维三层式"课程结构体系

身心和谐是"创先教育"目标实现的前提和基础，因为敢于创先的领袖型未来社会英才的一切品质养成都必须建立在身心和谐的前提和基础之上。"一横"指的是家国情怀和全球视野，这两个方面的品质构成了领袖型未来社会英才目标实现的时空视域。"一纵"体现的是创新精神和领袖气质，这两个维度是"创先教育"所要培养的人的最关键的精神品质。

从内容上看，领袖型未来社会英才所有品质的养成都有具体的课程作为支撑。只有在培养目标的指引下设计的课程，才能助力培养目标的实现。因此，"创先课程"的设计旨在助力这一目标的实现。围绕培养目标，学校全面整合各类课程，整体构建了五个维度（五大领域）的课程体系（见图3）。

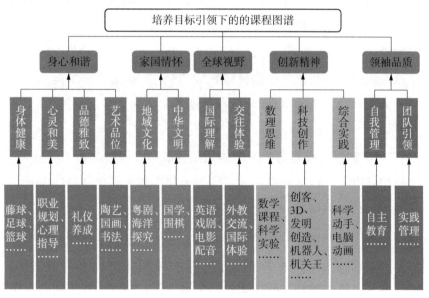

图3 培养目标引领下的内容与结构总图

每个维度的课程又分为基础性、拓展性和特色性三个层次。"五维三层式"的课程体系，为学生提供了多样化、个性化的选择，也为每个学生全面而个性化的发展提供了丰富的精神营养。

三、优化课程实施，深化学校育人实践

课程实施是将课程方案付诸实践的过程，即教学过程。其实质在其现实性上，协调影响课程实施的各类因素，平衡课程理想与实施情境的关系，创造教学新文化。课程实施的关键在于学生的培养，应成为一个有计划、有组织的互动过程，最终指向预期教育目标的实现。在"创先教育"理念的大前提下，太子湾学校主要从三方面有效推进课程实施。

（一）夯实以国家课程为根本的基础性课程

国家课程是学校课程体系的核心与主体，是学校教学质量提升的保障，太子湾学校以"双度课堂"理念为指导，以学科核心能力培养为主线，实行班级授课，扎实推进教与学方式的改革，构建了"2度3教4动"的教学文化。"2度"就是"课堂有温度，教学有深度"，"3教"就是"以学定教、以研领教、因材施教"，"4动"就是"情景调动、问题驱动、师生互动、思维灵动"，最大限度地实现学生减负增效。

（二）丰富以兴趣爱好为主题的拓展性课程

学校开设了7门不同学科、不同能力层次的差异化选择性课程，如英语戏剧、数学思维等。同时，根据学生的兴趣爱好，还开设了70多种多元化选择性课程。在课程实施方面，稳步探索分层分类走班教学，星期五下午70多门社团课程大走班，全校选修；小初衔接课程中走班，按年级选修；特教特许课程小走班，个别选修。通过丰富多样的校本课程和社团课程，太子湾学校确保每位学生都能选择心仪的课程，享受领先的学习平台，从成绩到成长、奠定终身发展的教育基础。

（三）培育以创先教育（创意、创新、创造）为平台的特色课程

学校充分挖掘地域文化资源优势，着力开发基于学生发展需求的特

色课程，突破传统学科与课堂边界，致力于培养学生的创新品质与组织领导能力，充分激发学生的潜能，发展学生的个性，实现扶优、扶特、扶强的教育目标。如创客课程、机器人课程、3D打印课程、航天航空课程、博物馆课程以及领导力课程（少年先锋训练营）等。

四、健全课程支持系统，提升学校育人质量

（一）健全课程管理机制，推进课程有序进行

首先是成立课程教学中心，以年级和班级为核心进行横向管理，全面统筹课程管理与实施，保障学生全面发展。

其次，创建学生发展中心（"两院两中心"），归并中心、打通衔接，实现纵向跨年级项目一体化管理，深化社团课程的实施，支持学生自主成长。"两院两中心"包括"少年创新院、太子湾国学院、艺术中心、体育与健康中心"。通过建设"两院两中心"，为学生终身发展和幸福生活打下基础，为培养引领未来发展的创新型人才做好铺垫。

（二）推进教师发展机制，引领学生成长

好的课程是三分设计七分实施，教师作为实施课程变革的主角，课程的质量即教师的质量。因此，太子湾学校尤其重视教师的专业发展，以更好地引领学生的优质成长。为此，学校完善教师发展机制，主要采取了四个方面措施：一站一会、两个引领、三种研修模式、四级梯队培养。一站一会，是指建立特级教师工作站和青年教师协会，由10多位特级教师和正高级名师组成，为学校青年教师成长量身定制，并进行跟班指导。两个引领：一是精神引领——提出教师文化、好教师标准，通过每月一星评选等创新激励方式，突出强化精神激励；二是学术（学科）引领——以课搭台，开展各类教研活动、课题研究及教研组建设，整体提升教师的课程开发与实施能力。三种研修模式：专家引领、同伴互助、自我反思。四级梯队培养：搭建"向先、争先、领先、创先（教

坛新秀、骨干教师、学科带头人、教学名师）"的梯级教师培养平台，引领教师找到实现自我价值的动力和路径。

（三）完善资源整合机制，优化学生成长系统

为了更好地支持学生全面发展，太子湾学校不断完善整合机制，优化学生成长系统，具体措施如下。

（1）整合校内空间资源，最大限度地利用各类场馆设施和专业教室，为每个学生的发展提供支持性环境。学校各类场馆设施的充分利用，也让太子湾的校园充满了活力。

（2）学校充分利用育才教育集团课程资源，为学生成长提供更多的资源和更好的平台。例如，集团提供的生涯规划课程和企业家课程、

（四）优化课程管理评价机制，助推学生个性化发展

课程管理及评价的理念会对课程实施的力度和效度产生重要影响。课程管理的理念必须与办学理念相一致。太子湾学校的"创先教育"理念是学校领导团队基于蛇口地域文化和学校历史，在核心素养及九年一贯制的指导下经过深思熟虑后形成的最真挚的情怀。课程评价体系的核心在于判断教育理念的落实情况，主要体现在学校教师是否认可"创先教育"理念，及其在实际教学中的落实情况，教育理念是否与学校的发展和历史积淀相匹配，能否助力学生成长、教师发展以及学校未来的发展。"创先教育"课程评价体系包括三个维度：一是学生的差异化发展，二是教师的专业化发展，三是课程的规范化管理。

在学生课程学习的评价方面，学校从学生核心素养的养成与培养目标出发，探索学生综合素质评价的校本创新。学校建立的小学鲲鹏奖评比体系和中学综合素质评价体系，全面记录学生的成长轨迹。评价时参考档案袋中各科成绩、师生评价、各种作品及奖状奖励。学校不断丰富评选领域，进一步拓展评选的时间长度，让学生在评选和展示的过程中学习并收获。

太子湾学校在课程建设与实施（见图4）中，始终将课程目标与育人目标相结合，课程实施与教师队伍建设相结合，课程开发与校际资源相结合，为学生提供更多选择的课程资源、成长环境和专业服务。这一系列措施旨在让学生的潜能得到全面充分发挥，最大限度地实现学校的培养目标。

图4 课程建构

教师队伍建设是学校发展的核心

孙国芹[*]

如何打造新品牌学校？在我看来，教师队伍建设是学校发展的核心。我在担任福田区教育科学研究院附属中学校长时，借力福田区教科院这一大"智库"，通过课堂改革等重新激发了老师们的教育热情。不仅如此，更让老师的热情有方向、有路径、有平台地发挥。教科院附中的教师数量相比之前翻倍，教师结构也得到了进一步优化。老师们积极做课题，搞研究，写专著，更加专注于教学和课堂，为学校发展提供了源源不断的动力。

一、发展力来自教师

一所学校的发展力来自于其教师，教师队伍建设应成为校长最重视的工作。"好学生是夸出来的，好老师也是夸出来的"。我始终以欣赏的眼光看待教师，不断从他们身上寻找耀眼的光环。多年来的经验告诉我，每位教师都有其独特的闪光点。在区教科院附中推行课堂改革时，我们的宗旨之一是加强科组队伍建设，积极调动老教师的参与度，激励

* 孙国芹，深圳市禹明督学工作室第一批成员，原深圳市福田区教育科学研究院附属中学校长，正高级教师，教育博士，第五届深圳市督学，第一届深圳市教育督导专家库成员，南粤优秀教师，深圳市名师，深圳市名师工作室主持人。

他们分享经验，辐射、带领更多年轻教师。这种做法有效激发了老教师的积极性，他们乐于帮助青年教师，而青年教师也愿意虚心求教，共同营造浓厚的科组帮教氛围，保证了集体备课的扎实高效。

作为校长，我坚持以身作则，带头做起。为推行课堂改革，我到任第一年便担任了学校初三一个班的数学老师。我的教学成绩获得了同事们的认可，校长身份的带动作用也显示出了强大的影响力。我在毕业班取得的优异成绩不但起到了示范作用，还激励了其他老师们信心百倍地投入学校的课堂改革。

二、区教科院智库助力教师发展

自学校更名为"福田区教育科学研究院附属中学"（简称"教科院附中"或"附中"）以来，福田区教科院特别重视附中的全面发展，为此，成立了附中教育教学分类指导小组、教科研工作指导小组、体卫艺工作指导小组和班主任工作指导小组。教科院的各学科教研员组成专家团队，深入附中教学一线，对接学科组长，提供教学的全方位指导和师徒结对式指导。教研员在附中带学科徒弟35人和班主任徒弟18人，教研员周周进校园听课评课，并指导如何命题等。此外，每个班级都悬挂以教研员命名的班牌，如"春生班"等，每个班级设有两个班牌。教研员还深入班级指导班主任在班风建设、主题班会、大型活动策划以及与家长沟通等方面的工作。

教研员来学校听评课，以研究的姿态帮助提升教师水平，因此学校的老师们都特别高兴和感激。有些教研员甚至亲自走进课堂，为他们所带的教师徒弟示范授课。这种智库优势在青年教师和班主任队伍的建设方面起到了提速作用。

三、勇于改革，全体教师共推课堂革命

学校在福田教育"课堂革命、福田表达"行动的影响下，对课堂进行创新改革，意在着力解决如何培养人的问题。在解决学生培养的挑战中，调动学生的学习积极性至关重要。因此，附中启动了"新习程课堂五步教学"实验。

"课堂革命革什么？过去的课堂缺乏学生练习和表达的机会，而现在我们致力于为学生提供这些机会，通过在课堂中增加内化知识的过程，让学生把习得、心得说出来"。我们实施的"新习程课堂五步教学"包括忆、讲、习、示、测五个环节。其中，"习和示"鼓励学生进行练习和表达，约占课堂时间的一半。这种方法充分调动了学生学习的积极性，提升了课堂的趣味性和实效性，帮助学生养成了"自主学习，主动学习，合作学习"的良好习惯，引领了课堂发展。

四、培养老师关注未来

"视野教育，未来全人"是教科院附中的办学理念。教科院附中致力于为每个孩子开阔视野，为他们的未来发展奠定基础，培养全面发展的学生。而要培养未来的学生，首先要培养出未来的教师。

为培养具有未来和全球化视野的教师队伍，学校开展了"同伴助学，名师助学，教授助学"的三助式教师生涯发展项目。我们邀请名师入校指导，高校教授入校助学。从课题研究、课堂改革设计、课堂使用材料编制以及教育教学管理等方面推进教师的专业发展。学校每年在全国选聘名师，优化教师队伍结构，致力于建设一支素质高、结构合理的教师队伍，打造一支理论一流、业务过硬的管理团队。

五、培养有"爱心校园"的"义工"教师

在附中校园内，还有一道特殊的"风景"：老师们常常主动牺牲业余时间辅导学生。许多教师在放学后不回家，自发留下来辅导学生写作业。我很敬佩学校教师们的敬业精神。

学校有部分非深户学生，他们多是外来务工人员的子女，居住条件欠佳。孩子们放学回家后，写作业的环境并不理想。因此，许多学生希望在放学后留在学校完成作业。学校也为此单独开设了"作业课"，留出几间"义工教室"，为学生提供适宜的学习环境。因此就常常有老师的主动"加班"辅导学生。

六、教师专业能力的快速提升

在学校的重视下，附中教师的专业能力得到了快速提升，三年间共进行课题研究15项，发表论文80余篇，并出版专著5部。同时，喜讯也不断传来……在中央电视台CCTV少儿频道《创客大挑战》、新闻网组织的国学知识大比拼等活动中，附中频频获奖。三年来，学生获奖130人次，教师获奖50多人次。此外，学生的中考成绩也逐年攀升。这些成果充分体现了学校在教师专业发展和学生全面发展方面的努力与成效。

七、培养全面发展的人

学校构建了全新的课程谱系，着力培养学生具有健康心理、强健体魄和远大志向。我们把国家课程与校本课程巧妙融合，构建全新的"育心、育智、育体"的青竹课程谱系。学校已经开设了100多门校本课程，这些课程旨在培养学生的核心素养，为他们的全面发展保驾护航。

同时学校还加强艺术课程和体育课程的建设，通过舞蹈、素描、声乐等课程，培养学生的艺术气质和身体素质，为他们提供适合其个性成长的理想教育环境。

道德与法治课程体验性学习的实施策略

蔡苏瑜*

　　思政课的本质在于它是一门讲道理的学科课程，强调"注重方式方法，把道理讲深、讲透、讲活"①，为党育人，为国育才，是时代赋予思政课教师的重要使命。开展体验性学习，既是把思政课讲深、讲透、讲活的重要法宝，也是提升思政课教学实效的有力抓手。2019年，中共中央办公厅、国务院办公厅印发《关于深化新时代学校思想政治理论课改革创新的若干意见》，提出思政课在设计课程内容时需要遵循学生认知规律，体现不同学段思政课教学特点，初中阶段重在打牢思想基础②。《义务教育道德与法治课程标准（2022年版）》提出，道德与法治课程具有"政治性、思想性和综合性、实践性"的特点；要"突出学生主体地位，充分考虑学生的生活经验，创设多样化的学习情境，引导学生开展自主、合作的实践探究和体验活动""从真实的社会情境角度进行道德教育，强化学生的道德体验和道德实践""要积极探索议题

* 蔡苏瑜，深圳市禹明督学工作室第二批成员，深圳市宝安区海湾中学校长，硕士、在读博士，深圳市宝安区兼职督学，深圳市宝安区名师工作室主持人、党员名师工作室主持人、劳模和工匠人才创新工作室主持人。

① 习近平. 习近平在中国人民大学考察［N］. 人民日报，2022 - 04 - 25.
② 新华社. 中共中央办公厅 国务院办公厅印发《关于深化新时代学校思想政治理论课改革创新的若干意见》［EB/OL］.（2019 - 08 - 14）［2023 - 10 - 20］. https：//www. gov. cn/zhengce/2019-08/14/content _ 5421252. htm.

式、体验式、项目式等多种教学方法，引导学生参与体验，促进感悟与建构"①。

基于此，如何发挥思政课教学对学生的启发与引导作用，帮助学生通过践行体验性学习，在感悟与建构中落实核心素养，进而实现课堂教学"提质增效"的目标，成为教师上好思政课需要迫切思考和解决的问题。本文以统编教材七年级上册"敬畏生命"这一章节为例，阐述体验性学习的具体实施路径。

一、具身体验：创设情境，营造体验氛围

情境，作为开展体验性学习的重要抓手，是提高思政课堂教学实效的有效方式，体验性学习离不开情境的创设。在教学实践中，它将思政小课堂与社会大课堂相融合，创设贴合学生生活的真实情境，应用信息技术多维呈现教学内容，帮助学生在体验中理解要义、建构知识，在真实的情境任务中发现、分析与解决问题，在互动中彼此分享、反馈，在过程中将他人的经验与自身实践相整合，不断提升能力、发展品格、丰富情感认知。在开展体验性学习的过程中，教师应创设真实多样的教学情境，以增强学生的课堂体验感。通过加强知识与实际经验的联系，激发学生求知探索的兴趣，促使他们在体验中收获感悟、深入研析，并实现成长。

体验性学习以课程标准和教材文本为导向，旨在培养学生的核心素养、关键能力和必备品格。该学习方式基于学生的实际生活，遵循学生的认知特点和生活经验等来构建情境。情境的创设具有互动性高、主体性强、真实多样、思辨性与愉悦性并存等特点。为适应不同的课型、不同主题的教学内容以及课程不同的阶段，选用适宜的情境类型和情境内容进行创设，例如，游戏活动、故事分享、角色扮演、视频图画等。这

① 教育部. 义务教育道德与法治课程标准（2022 年版）［M］. 北京：北京师范大学出版社，2022.

些活动能充分激发学生参与课堂的积极性，将学生快速带入情境，激发情感共鸣，搭建知识与经验连接的桥梁。通过这样的方式，不但深化了学生对知识的理解，而且有效锻炼了他们关键能力并自然引发了真实的情感反应，从而增强了课堂参与体验。

在"敬畏生命"一课中，教师可以利用游戏活动"细'数'心跳，感受生命"进行体验导入，"引导学生在音乐中闭上眼睛，慢慢地呼吸，同时数一数 1 分钟内心跳的次数，感受生命的跳动"。这种方式可以极大地调动学生的兴趣，吸引他们的注意力，帮助学生进入情境之中。学生入境后，通过"体悟生命价值（一次活动）""践行生命抉择（一个榜样）""致敬生命伟大（一首生命小诗）"布局谋篇、穿针引线。在递进式的三个环节设计中，我们遵循真实性与生活化的原则，通过游戏情境、故事情境以及书写生命小诗这三种不同的语言表述情境，融入对生命的敬畏意识和方法，引导学生在真实多样的体验中通过感悟知识、增强体验和提升道德情感、来理解生命的价值，并感受生命的温度。学生不仅学会敬畏生命、热爱生命，还通过这些活动的参与，增强了行为能力。这样的设计不仅为课堂教学的开展奠定了情感基调，还营造了互动、真实、温暖的交流氛围，更是化抽象为具体，强化了学生对生命的直观体验，并深化了对生命的认识与思考。同时，鼓励学生真实表达，实现了与学生情感上的共通、共融和共鸣。

二、认知体验：丰富活动，设计体验任务

体验性学习的开展与落实依赖于活动的有效组织。活动是开展体验性学习，承载体验任务，激发学生参与体验的有效方式。在教学实践中，教师应引导学生通过参与各种活动开展自主探究，落实学习任务。为达到这一效果，教师需要设计丰富多彩的课堂活动，让学生置身于教学情境中。在这些情境中，学生不仅是知识的接收者，更是感悟与思考的主体。通过自主探究，学生能够生成知识、深化知识的理解与运用，

同时强化道德实践，实现真实的情感表达，涵养道德品质，提升道德情感。

要在有限的课堂教学时间内，调动学生参与体验的积极性与热情，实现预期的体验效果，就需要教师精心设计和丰富体验活动，制订具体的体验任务，以深化学生的认知体验。在设计活动时，应体现学生在教学活动中的主体地位，考虑到活动的多样性、可操作性及其所带来的体验价值，从而让学生在参与过程中有所收获。例如，通过开展角色体验活动，使学生置身于模拟教学场景中，多角度开展思考，帮助他们形成自己的独特见解，提升思想认识；活动的开展要设定具体的步骤与明确的任务，引导学生带着任务参与、深入体验，从而启发学生思考，拓宽思维的广度与深度，学以致用，解决问题。活动中，教师应当及时捕捉课堂生成，充分运用教育机制，利用课堂生成资源，引导学生逐层深入，渐入佳境，以增强课堂教学效果。此外，应通过精心设计的活动，达到体验目的，有效地培养学生的关键能力和必备品格，同时丰富他们的情感体验。

以"敬畏生命"一课为例，教师在教学中以真实情境为背景，以问题为导向，创设体验活动并设计探究任务，从而激发学生参与课堂教学的积极性，深化他们的认知体验。在课堂教学的第一环节，可以设置一个"生命关键词"分享活动，"谈到生命，你会想到哪些关键词？可以结合自己的成长经历来谈谈吗？在你的成长过程中，有没有哪经历会让你有这种感受"？学生自行思考后，在卡纸上写下生命的关键词，并结合自身经历分享对生命的感悟。多样的活动帮助学生化抽象为具体，增强对生命的认识与思考，提升生命意识。生命丰富多彩，既美好而又珍贵。生命有无限的可能，也有多样的选择。在人生的这份答卷上，会做出怎样的选择，决定了我们人生的方向和意义。紧接着，教师可以开展"人生答卷—排序题"的小组活动，引导学生按照内心的真实想法进行选择排序。设定这样的场景："假如现在有金钱、权力、美貌、智慧这四样宝藏和生命一同摆在你们的面前，你会进行怎样的排序？这样排序的理由又是什么?"通过这个活动,引导学生分享对人生选择的排序,还课堂于学生,让他们自主生成知识,感受生命的特征以及生命的至高无上。此外,学生还可以领悟到人生的所有财富和名誉犹如无数个"0",只有身体健康才是"1",如果没有这个"1",人生也只是一个"0"。因此,活着比什么都更重要。生命至上,生命的价值高于一切,我们要珍惜并热爱自己的生命。

学生进入情境,抛出一个中心问题:"我们应该怎样敬畏生命?"接下来,便进入以此为主题的任务探究阶段。教师会利用PPT展示活动规则,以确保学生明确活动的具体要求。规则如下:①前后4人组成一小组进行合作,从自然、社会、精神、历史等角度进行思考,选取素材并形成方案,准备口头展示;②时间:3分钟;③注意事项:建议各组做好分工,及时做好记录;事先安排好中心发言人和核心观点记录员。这种目标明确且具体的活动设计,增强了任务探究的可操作性,有助于学生深入体验,形成对于如何敬畏生命的认知。

在这些教学环节中,引导学生共同参与并完成真实精彩的课堂生成,全面认知了体验的价值。例如,在进行"排序"活动时,一名学生分享了亲人生病的故事,这样动情的分享立即将课堂氛围推至高点,引发了全班学生的情感共鸣。在授课过程中,我及时捕捉到这一"生成",抓住了课堂"动情点",并立即进行启发总结。在这样的分享与互动中,突破了教学重点"生命至上,生命的价值高于一切,我们要更加热爱自己的生命"的体验认知。在教学的最后环节"致敬生命的伟大",学生们通过创作生命小诗,表达自己对生命的敬畏与热爱。其中,有学生深情表达了"既要热爱自己的生命,也要热爱他人的生命"的意识,从中我们不仅看到了"生命至上"意识的拔节生长,还感受到了道德情感的升华,坚定了对"人民至上"的政治认同,更是体验到了师生平等对话、体悟践行的幸福。

三、情感体验：探问思辨，增强体验感悟

问题是开展探究，提升思维能力，拓展思维广度，促进学生深度学习的驱动；是开展探究活动，落实体验任务的导向；也是实现感性认知到探究学习的重要组成。学生由情境带入开始启动活动探究，并建立起初步体验的认知后，教师需要巧妙地设计问题，有效地将"活动—体验—表现"的过程整合起来，引导学生在范例分析中展示观点，在价值冲突中识别观点，在比较鉴别中确认观点，并在探究活动中提炼观点。在整个探究过程中，教师的角色是引领学生探问思辨，培养他们的思辨意识，让他们在价值冲突中做出真实选择，表达出真实的想法，启发深度思考。通过这种方式，学生在自主合作探究中，不仅能分析问题与解决问题，还可以学以致用，提高知识的运用能力，促进深度学习。同时，这样的学习过程也将单纯的认知体验升级到情感体验，增强了学生对学习内容的体验感悟，进一步强化了他们的情感体验。

问题的设置应当依据情境与活动精心设计，以确保问题指向明确，层次分明且具有梯度和思辨性，引领学生进行追问和反思，由浅入深，由感性到理性，将其思维向纵深推进，不断提升思维品质和思维能力。在教学实践中，教师进行设问，开展探问思辨时，应注意问题的提出要由易到难，层层深入，让学生有话可说，实现"小切口、深思考"，既能激发学生探究的兴趣，又能实现思维的不断进阶；在呈现问题时，应结合具体的情境与活动，形成"情境链-活动链-问题链"的教学结构，以实现教学目标。此外，在问题的设问与表述上，应保持科学规范性，确保主题明确、导向正确，并具有区分度，让每一个学生都能成为讨论探究的主导者和参与者，在角色转换中，增强他们的体验感悟。

我在授课过程中，以教学情境为基础，精心设计了一条由"情境链-活动链-问题链"组成的教学路径，旨在引领学生的思维逐层深入，促进知识的理解与运用。特别是在课堂教学环节"体悟生命的价值"

中，创设了两难情境，引导学生进行思考。针对这一主题，提出了三个问题："面对这种困境，你会做出怎样的选择？""你认为这样做值得吗？""之前的排序有变化吗？为什么？"这三个逐层深入、环环相扣的问题设计，不仅能引导学生思考和探究冲突类问题，还能促使他们的思维不断纵深推进，进行价值思辨。通过这样的问题探讨，学生得以形成正确的价值观念，并有效突破了"如何敬畏生命"这一难点，解决了问题，掌握了必备知识，提升了关键能力，并实现了核心素养的落实。有了两难情境的铺垫后，我继续拓展学生思维的广度与深度，呈现故事情境，讲述了"广东好人何钰辉的事迹，为了救人，错过准备整整一年的考试，最后只能默默离开考场"。同时，我将课堂引向回归生活情境，抛出问题："在我们身边有何钰辉这样的一个人，那在我们生活中，你还发现有类似这样的人吗？请举一些例子。"这个问题引发了学生的深刻思考，由自然到社会，由个体到群像，讲述身边的榜样故事，从而使得讨论由生命教育延伸拓展至社会责任感培育，进一步增强学生的政治认同。最后，由他人的榜样事例回归到我们自身，回到课程的最初，再次引发学生对生命感受的思考。我提出了一个创作性的问题："你对生命有怎样的感受？请用一首以'生命'为主题的小诗来表达你的感受并进行展示。"由生活到理论，最终又回归于生活，建立生活、经验和知识之间的联系，用所学知识、所悟情感指导生活实践，解决生活问题。我们搭建起教师与学生、学生与同伴之间交流的桥梁，实现了师生间的情感交流和互动。通过这种方式，情感的理解和表达得以逐层递进和强化，学生在具体情境中深度体验感悟，持续思考，提升了思维的张力，从而实现了可持续性学习。

四、实践体验：拓展延伸，搭建体验平台

思政课是一门综合性的学科课程，具有丰富深刻的价值内涵。将思政小课堂与社会大课堂相结合，需贯通知识与经验，基于课内延伸课

外，搭建体验平台，强化实践体验。通过社会实践和多元评价等手段，向纵推进，引领学生由情感体验走向实践体验，丰富他们的道德实践经验，落实核心素养的培育。同时，将思政学科与语文、信息、心理等学科融合，向横延伸，全方位搭建体验平台，实现全程育人，全方位育人，培育时代新人。

拓展延伸，要依据学情，根据情境，依循目标进行设计，给予学生深入思考的空间，提升思维品质，催化学生成长进步，全面发展。拓展延伸体现在课前、课中与课后的全程，主要集中于课中与课后。在课中，教师根据学生的课堂生成进行拓展延伸，触类旁通，以增强对知识的认知与理解；在课后，教师根据课堂效果进行深入探究，通过向横舒展、向纵推进，培养学生的综合性思维。

实践是开展体验性学习的重要环节，也是进行拓展延伸的有效方式。在教学实践中，拓展延伸应贴合教学主题，适切教学情境，适合不同水平的学生，具有层次性与明确的任务导向性。《义务教育道德与法治课程标准（2022 年版）》提出"坚持校内教育和校外教育相结合，引导学生走出课堂、走出校园，积极参与社会实践活动，把知识运用于社会，服务于人民，强化学生的社会责任感，提高他们的实践创新能力"[①]。要以实践体验为载体，联通课堂与社会，源于生活、指导生活，并最终回归生活，在真感受、真探究、真实践中体验感悟与思考，促进其全面发展。同时，要以多元评价为"触手"，根据学情与情境，采用不同的评价方式，为学生搭建适宜的体验平台，给予平等的体验机会，激发学生参与体验的热情，促进学生成长，确保体验性学习的效果。

在"致敬生命的伟大"课堂教学环节中，我通过"国家珍爱人民生命的事例"分析，延伸拓展至我们对自然生命、社会生命和精神生命的敬畏。同时，搭建体验平台，引领学生由小到大，逐层推进，使思政小课堂与社会实践紧密结合。此举不仅增强了学生的政治认同，还帮助他

---

① 教育部. 义务教育道德与法治课程标准［M］. 北京：北京师范大学出版社，2022.

们掌握了健康的生活方式。在课后作业的设计中，我让学生扮演"生命守护"主题宣传片的制片人，让他们以"守护生命花开"为主题，完成宣传片脚本的制作，并将成品投稿到公众平台，以辐射带动周围的人。引导学生走向社会，体验角色，规划人生，这一环节的设计不但能够较为显著地提升教学效果，还能激发学生学习的主观能动性与参与性，助力他们的成长与发展。在课堂评价阶段，我采取了多角度的评价策略，从观点表达、知识建构、协调合作到价值判断等多方面，及时对学生进行综合评价，给予学生饱满的情绪价值和参与体验的成就感，为学生搭建了体验和展示的平台，实现了教、学、评的有机统一，进一步促进了知行合一。

　　总之，在道德与法治课的教学中开展体验性学习，为落实学科核心素养，打造体验课堂，以及培育时代新人提供了一条具体可行的路径，是提升课堂教学实效的重要保证与有效方式，同时也成就了教师的专业志趣，引领了学生健康成长。在实践教学中，教师可以从"具身体验——创设情境，营造体验氛围；认知体验——丰富活动，设计体验任务；情感体验——探问思辨，增强体验感悟；实践体验——拓展延伸，搭建体验平台"四个维度思考与研究如何实施"体验性学习"，建立生活经验、实践体验与学科知识之间的联系，引导学生在体验中掌握知识、提升能力、涵养品格、发展核心素养，进而践行新课标理念，落实"双减"政策要求，达到提质增效，把道理讲深、讲透、讲活的目的。此外，我们也要提高思政课的亲和力和实效性，落实立德树人的根本任务，培育时代新人。

　　　　　　　（本文原载《中学政治教学参考》2024 年 1 月）

立德树人 健康成长

——中山大学深圳附属学校健康教育实践探索

罗 灿[*]

中山大学深圳附属学校是中山大学和光明区委区政府合力打造的一所高起点、高标准、高规格学校。学校拥有 132 个教学班级，提供 6 180 个优质学位，是深圳市最大的九年一贯制学校。自立校之初，学校即成立健康教育工作小组，持续完善学校健康治理体系，针对近年来学生的健康问题，学校进行了一系列创新尝试。习近平总书记强调，"把人民的生命和健康放在第一位"。学校将"健康 乐学 发展"作为办学的质量目标，将学生的健康放在学校发展的第一位，开展了以下三个方面的工作。

一、以生为本："十七个一工程"促健康成长

学校坚持落实立德树人的要求，以生为本，打造了"十七个'一'"健康工程（见图 1），具体措施包括：①聚焦身材管理。为学生配备可调节桌椅和坐姿矫正器，设计符合人体工程学的防脊柱侧弯书包，释压护脊、保护安全，为学生减轻身体负担。②聚焦睡眠管理。创

---

* 罗灿，深圳市禹明督学工作室第二批成员，中山大学深圳附属学校党委书记，广东省正高级教师、特级教师，教育管理硕士，第七届深圳市督学，广东省特支计划名师。

造性地设计了可折叠的午休床，实现了"人人有床睡，个个睡得香"。三年来，学校学生的脊柱健康与睡眠情况均有显著改善。③聚焦膳食营养和体质管理。每天为学生提供鸡蛋和牛奶，确保每一餐的营养均衡。④聚焦心理健康管理。通过"心语欣愿""心灵驿站"等心理支持项目，绳飞舞韵跳绳课、琴韵心声口琴课及每天一节体育课，阳光体育、草地运动会等多种方式的音乐疗法、美育疗法和运动疗法，全方面促进学生身心健康。学校的健康教育改革成效显著，多次登上热搜，《人民日报》、央视新闻、新华社、人民教育、"学习强国"、共青团中央和《环球时报》等先后报道学校教育改革方案，引起公众关注5 000 余万人次。

图1 "17个'一'"健康工程

二、五育并举："一学生一课表"促人人成长

学校将健康素养融入德智体美劳各方面，通过四项改革促"双减"，为学生的健康成长营造五育并举、五育融合、五育协调的育人环境。第一，改革课程，构建现代课程谱系。根据学生的兴趣爱好开设了300多门选修课，涵盖艺体、人文、科学等多个领域，实施"一学生一课表"让学生有更多选择和自由。第二，改革课堂，深化跨学科整合研究。学校以健康引领课程整合，编纂了"健康＋物理""健康＋化学""健康＋生物"等一系列特色校本资源，将健康观念、知识和技能深度渗透到

16 个学科中。此外，还出版了《课程整合——HSA 课堂模型建构研究》《中学语文课堂模型建构研究》《思维增量，学科整合：HSA 跨学科课程案例研究》《融合创新：HSA 课堂模型建构研究》等 8 本著作。第三，改革作业，推行"彩虹作业"制度，实现了分层布置、分类实施和分级辅导的设置，让作业从批量到定制，产生量变；从笼统到精准产生质变，提升作业质量。第四，改革评价，学校设计了"狮子币"，构建了学生、教师和家长之间立体、多元的评价方式，以评促改，以评促发展。学校将健康融入课程，形成"健康教育课程、课程健康教育"融合的新格局，落实"双减"政策，构建教育良好生态，顺应孩子的天性，尊重学生成长规律和教育规律，以促进学生的身心健康和人格健全，促进人人成长。

三、协同育人："一学生六导师"促全面发展

学校与中山大学、中山大学附属第七医院、各级政府部门等深度合作，打造了"一学生六导师"制度，丰富了立德树人的渠道（见图 2）；同时，充分利用得天独厚的资源优势，聘请中山大学附属第七医院的专家、教授担任学校"医生导师"，成为全国唯一一所拥有"医生导师"的学校；来自医院 16 个科室的 96 名医生全面进驻学校每个班级，为学生提供全面的健康指导。我们打造了"健康教育＋互联网"模式，每周三开展线上线下"生命健康教育系列讲座"，同步直播给家长；打造了"健康教育＋社会实践"模式，带领学生走进大学、医院、农场、花海、军营等地，在社会实践中学习健康知识，增长健康技能；同时，我们积极探索"健康教育＋家校社协同"模式，通过"育儿有方""健康有法""疗愈有道"等品牌活动，紧紧围绕促进学生健康成长的核心主题，形成学校、家庭、医院、社会共同促进学生健康的长效机制。

学校通过"十七个'一'"健康工程，将健康工作落细、落"小"；通过"一学生一课表"，构建有弹性、有张力的课程谱系，大力开展

图2　"一学生六导师"制度模式

"健康＋学科"教学实践，将健康工作"灵"活灵动实施；通过"一学生六导师"，"通"家庭"通"社会，"通"人性"通"人情，以"小灵通"模式促进学生身心健康！学校先后获得全国健康学校建设单位、全国营养与健康示范学校以及深圳市学生营养健康管理示范基地等荣誉。健康是一切发展的基础，学校通过富有创新性的健康教育举措，让每个学生健康成长、全面发展、幸福生活！

四维协同 多元联动

——小学课后服务治理体系的"莲南探索"

冯 永[*]

2021 年 7 月，中共中央办公厅、国务院办公厅颁布的《关于进一步减轻义务教育阶段学生作业负担和校外培训负担的意见》指出，"学校要充分利用资源优势，有效实施各种课后育人活动，在校内满足学生多样化学习需求"，"充分用好课后服务时间，指导学生认真完成作业，对学习有困难的学生进行补习辅导与答疑，为学有余力的学生拓展学习空间，开展丰富多彩的科普、文体、艺术、劳动、阅读、兴趣小组及社团活动"。

深圳市莲南小学作为深圳市减负提质示范学校和深圳市首批课后服务示范学校，多年来深入探索课后延时服务之路，在实践中逐步应用治理思维，面向多元、复杂、长期的工作局面。学校在实践中，做好顶层设计、过程组织、条件保障，构建服务流程与内容系统，在促进学生多元化成长和可持续发展的同时，推动学校治理模式的创新探索。这些努力进一步提升了学校的办学质量，使学校逐步成为一所特色品牌化学校。

---

* 冯永，深圳市禹明督学工作室第二批成员，深圳市莲南教育集团总校长，正高级教师、特级教师，教育硕士，第十三届广东省督学，第六届深圳市督学，广东省名校长工作室主持人，深圳市名校长工作室主持人。

一、服务定位与协作关系——顶层设计

（一）基于民生立场，找准服务定位

深圳市莲南小学于 1994 年建校，位于罗湖区莲塘街道，依托梧桐山、仙湖植物园的独特自然环境以及"莲南小学"校名所蕴含的教育基因，在继承并发扬已有办学理念的基础上，将办学定位为"自然教育"，致力于创办一所有自然印记的学校。学校切实落实立德树人根本任务，减轻学生课后作业、家长课后辅导的负担，提高学生发展核心素养的主动性、针对性和实效性，让教师有更多的价值感和意义感，让家长和学生有更多的幸福感和成就感，将课后服务办成学校、家庭、社会"三满意"的民生实事。

为此，在开展课后服务工作的过程中，学校先后召开 13 次专题会议，进行了 4 次问卷调查，梳理出课后服务在实际运作中存在的一系列现实问题。如"时间缺乏灵活性""内容缺乏系统性""主体缺乏协同性"等。针对这些问题，学校确立了课后服务坚持安全第一、作业优先、兴趣为本、活动育人等实施原则，探索并提炼出"以多向服务育无限可能"的课后服务育人理念。这一理念旨在满足学生多元化的兴趣和需求，为他们提供更加丰富、多元和高效的课后服务，促进他们的身心健康发展，提升综合素质，实现个人的全面发展。

（二）探索供给模式，构建协作关系

在不断探索课后服务的过程中，为了提高课后服务的有效性，解决"课后延时服务工作的协同机制""校内相关工作的组织管理"及"如何打通课后服务与育人之间的内在联系"等问题，莲南小学提出并实践了"四维协同"的资源联动服务机制。从时间、空间、师资、课程四个维度入手，对课后服务工作要素进行整合，并提出了"弹性"化的工作逻辑，化"管理"为"治理"，打破传统资源配置壁垒，突破盲目"大一统"所带来的内耗，重构多方联动秩序。用"弹性时间"解决师生时间精力协调问题；用"弹性空间"解决校内课程资源不足的问题；用"弹性师资"解决师资绝对数量不足的问题；用"弹性课程"解决学生的兴趣需求不同的问题。在"四维协同"服务机制的引领下，莲南小学深入挖掘校内外教育资源，构建了具有莲南特色的"根植自然，芬芳未来"课后服务课程体系。该体系让学生在充分享受教育资源的同时，获得个性化的体验与表达，在与自然的亲密接触中培养综合素质。

二、流程重构与内容建设——过程组织

(一) 以"四维协同"机制驱动课后服务流程

基于四维协同育人机制，学校将课后服务流程建设成为一个更加灵活、多元协同的教育阵地，为学生提供更加个性化、多样化的成长体验，促进他们的全面发展。

1. 弹性时间

"学生弹性离校时间"——便利家长：学校充分考虑到家长的工作节奏，实行了"学生弹性离校时间"，实现学生离校时间与家长下班时间的无缝对接。根据家庭差异，对于参加课后服务需要提前或延迟离校的学生，学校设置了相应的管理制度，在确保安全的前提下，用"弹性时间"满足学生个性化的课后服务需求。

"教师弹性工作时间"——激发教师积极性：充分考虑课后延时服务对教师工作时长的影响，学校配套实施了"积分银行"管理策略，旨在灵活处理教师上班时间，推行教师弹性值班，从而激发教师参与课后延时服务的积极性。

"学生弹性作业时间"——尊重学生成长：学校充分认识到不同学段学生在身心发展、学习能力等方面的差异，在作业设计上充分尊重学生的身心成长规律，实施"学生弹性作业时间"制度。其中，低年级30分钟，中年级40分钟，高年级50分钟，这种设计旨在既让学生在

完成作业的过程中保持适当的压力，又充分尊重他们的身心发展特点。

2."弹性空间"

为了进一步丰富课后服务的多样性和创新性，我们积极引入"弹性空间"的理念，将课后服务的课堂从传统的校园内拓展到学校周边，充分利用周边的课程资源，为学生打造一个更加广阔、多元的学习空间。我们致力于共建学生课后服务实践基地，与周边的社区、企事业单位建立紧密的合作关系，共同开发适合学生的实践课程和活动，让社会优质资源深度融入课后服务中。

3."弹性师资"

在推进课后服务的过程中，我们深知学校教师的力量有限，难以满足多样化的需求。因此，我们积极探索"弹性师资"模式，形成了"1＋3"的课后服务师资模式，打造以校内教师为主，配以学生家长、社区志愿者以及第三方优质教师共同参与的弹性师资队伍。这种模式不但可以丰富服务内容，提升服务质量，同时也可以适当减轻教师的压力，让教师有更多的时间和精力关注学生的个性化需求。

4.弹性课程

在课后延时服务的实施中，为了满足学生个性化需求、促进学生全面发展，学校致力于多渠道丰富延时课程资源，设计出包括兴趣课程、特长课程以及通识课程在内的多样化课程，以构建"弹性课程"体系，满足学生的不同兴趣和需求。我们根据性质和内容，将课程划分为体育竞技类、艺术审美类、科技创新类、生活技能类、语言运用类等五类课程群，形成了完整的课程体系，为学生的全面发展提供了有力支撑。

（二）构建"两段式""3＋1＋1"特色课程服务内容

为了响应教育改革的号召，满足学生个性化发展的需求，学校积极探索并创新了"两段式"课后服务模式，并率先推出了"3＋1＋1"课后服务内容，旨在通过科学的时间划分和丰富的课程设置，实现学生减负与提质的双赢。

"两段式"课后服务模式是学校的一大特色。在这一模式下，学生放学后首先进入"自主作业"阶段。在这一阶段，教师会进行桌间巡视，为学生提供必要的答疑解惑。这样的安排旨在培养学生的自主学习能力和独立思考能力，让他们在轻松的氛围中完成作业，减轻学业压力。第二段是"自主活动"阶段，在这个阶段，学生可根据自己的兴趣和爱好选择参加各种形式的课外活动，如体育、艺术、科技等，丰富课余生活。这有助于培养学生的团队协作能力和创新精神。

"3＋1＋1"是课后服务内容的要素结构。其中，"3"代表周一至周三的常规课后服务，包括"自主阅读""中华诗教"和"自然教育"。自主阅读有助于拓宽学生的知识视野，提升阅读理解能力；"中华诗教"引导学生领略中华文化的博大精深，培养审美情趣；"自然教育"则带领学生走进大自然，感受自然的魅力，培养环保意识。第一个"1"指的是周四开展的"自主选修社团课程"。学校精心设计了多样化的社团课程，涵盖艺术、体育、科技等多个领域，学生可以根据自己的兴趣和特长自主选择参加。这一安排不仅满足了学生的个性化需求，也促进了学生的全面发展。第二个"1"是指周五的"自主选修体育活动"。体育活动是学生身心健康发展的重要组成部分，我们提供多样化的体育项目供学生选择，让他们在运动中释放压力，增强体质。

学校通过"两段式"与"3＋1＋1"模式的结合，科学划分了课后服务时间，合理安排了学生喜欢的课后服务课程。这一创新实践不仅有效地减轻了学生的学业负担，更全面提升了他们的综合素质和兴趣特长。同时，这也为学校的课后服务工作注入了丰富的内涵和活力，赢得了学生和家长的广泛好评。

三、多元主体与资源打通——服务保障

课后延时服务的实施涉及"机制探索、资源保障、师资调度、社区联动"等一系列措施，是一个多主体、多要素、多方式、多方共赢的社

会事务。考虑到传统的学校行动与保障机制并不足以应对此项全新的工作要求，莲南小学主动拓宽视野和工作界面，聚焦延时服务工作方法论的创新，站在更长的时间动线统筹延时服务内容。学校整合社区和社会资源，拓展延时服务的内涵，调度校内外优质教育力量，为延时服务提供全方位的保驾护航。

1. 校本资源——课后服务课程的中坚力量

教师资源是课后服务课程的中流砥柱，在推动课程建设与发展中发挥着不可替代的作用。学校积极动员校内教师参与课后服务课程的构建，通过"引进来"和"走出去"的专题培训策略，不断提升教师的课程开发能力，使其成为课后服务课程的主要建设者和开发者，为学生提供丰富多样、立体多元的课后服务课程。学生家长作为学校课后服务课程的重要师资来源，也发挥了积极作用。学校开展"博士家长进课堂"系列课程，开设"认识人工智能""基因与地球万物的故事"等课程，为学生带来了前沿的科技知识和独特的职业视角。同时，学校还邀请有职业特长的家长加入课后服务团队，如整理收纳师和摄影爱好者，帮助学生提高动手实践能力。此外，学校还请家长担任课后服务监督员，为提升学校的课后服务质量严格把关。

2. 社区资源——课后服务课程的有力保障

学校通过积极与周边场地共建学生课后服务实践基地，成功将课后服务的课堂延伸到校外，为学生提供了更加广阔的学习与实践空间（见表1）。学校充分挖掘周边的课程资源，与周边的植物园、中医院和百草园等地方建立了课后服务基地，使学生在真实的环境中进行沉浸式学习，增强了学习的实践性和趣味性。此外，学校还积极邀请专业技术人员作为课后服务课程顾问，如中国科学院仙湖植物园的 66 位博士科学家。这些专业人士的加入，不仅为学生带来了前沿的科学知识，还通过"博士进课堂"系列课程，帮助学生开阔眼界，激发他们对科学探索的兴趣。通过这一系列举措，学校成功构建了一个开放、多元、实践的课后服务体系。

表1 莲南小学课后服务基地信息一览

基地名称	课程主题
中国科学院仙湖植物园	古生物及植物演进史
梧桐山国家森林公园	自然导赏实践
深圳市罗湖区中医院	中草药文化
鹏兴教育文体中心	乒乓球、游泳
东深供水工程纪念馆	水库运转知识
深圳市戒毒所	禁毒教育
深圳市莲塘街道莲花社区党群服务中心	组织社区服务
深圳市禾歌餐饮实业有限公司	认识蔬菜、制作美食
大亚湾核电基地文化中心	了解核电知识
深圳市东湖公园	自然课程
深圳市仙桐体育公园	足球、网球
亚马逊云科技	认识 AI
深圳市兰科植物保护研究中心	保护珍稀植物

3. 校外机构——课后服务课程的多元补充

优质校外机构的课程资源和智慧教育平台的线上资源，为学校课后服务课程提供了强有力的补充。学校积极利用这些资源，通过购买或引入的方式，为学生提供更加多元化、个性化的学习选择，以满足不同学生的兴趣发展需求。在引入校外机构课程资源方面，学校与第三方校外培训机构建立了合作关系，购买了一系列深受学生欢迎的课程。这些课程涵盖艺术、体育、科技等多个领域，既具有专业性又趣味十足。通过与校外机构的合作，学校为学生提供了一个更加广阔的学习平台，让他们能够接触到更多元化的知识和技能。

4. 线上资源——课后服务课程的现代引擎

学校还积极引入智慧教育平台的线上资源。这些资源更新速度快、内容丰富多样，能够满足学生个性化学习的需求。学校对线上资源进行了校本化改造，使其更符合学生的实际情况和学习需求。例如，学校利用线上线下教学平台，与外地博物馆进行连线，让学生听博物馆讲解员进行实地讲解。这种创新的教学方式不仅让学生足不出户就能领略到博物馆的魅力，还扩充了他们的学习内容，提升了学习效果。通过引入校外机构的课程资源和智慧教育平台的线上资源，学校的课后服务课程得到了极大的丰富和拓展。

四、结论

构建小学课后服务课程体系是一项系统性且复杂的工作，作为一项具有多元性、长期性、复杂性的服务工作，它必然要求学校、教师、家长等多方共同参与，形成教育合力，提供条件保障。学校通过实施"四维协同"机制，大力推动多元联动与课程创生，在解决课后延时服务工作的协同机制问题的同时，优化了"平台搭建，经费管理，师资配置，机制创新，时间分配，安全保障"等组织管理问题，并打通了课后服务与学校育人之间的路径。通过这种方式，学校巧妙地将学校、家长与社区三者紧密地联系在一起，形成了一种"三位一体"的协同育人生态，丰富了学生的生存体验和生活内容，推动了学生核心素养的发展。该体系不但有效解决了家庭便利等民生问题，还实现了对学校创新治理模式的深入探索。

第三部分

专题研究

导 言

目前，各地的实验学校、外语学校、大学附属学校层出不穷，但办学质量差别很大。因此有人调侃，实验学校不"实验"、外语学校不"外语"。为了解决这些热点问题，我们多次展开专题研讨会，例如，讨论实验学校应该"实验"什么、外语学校的课程建设，以及九年一贯制学校如何做好教育衔接等。本部分收集了本工作室部分督学就上述问题撰写的论文或在相关研讨会上的发言，并借此引发各位的高见。

内在逻辑与行动策略：
九年一贯·条块融合
—— 一所九年一贯制学校办学的实践研究

黄向真*

2013 年，党的十八届三中全会通过的《中共中央关于全面深化改革若干重大问题的决定》要求义务教育免试就近入学，试行学区制和九年一贯对口招生。九年一贯制强调课程整合、贯通培养，既符合教育教学的内在规律，又促进教育教学研究的可持续发展，是教育强国战略的一次创新之举，蕴藏着国家对培养创新型人才的战略思考。

九年一贯制学校办学的内在逻辑在于课程贯通和教育整合。因此，其行动策略的本质在于不同学段的有机融合。历经十三年的探索与实践，我提出了"九年一贯·条块融合"的理念，旨在引领一所新创校从"初创"走向"发展"，带领一所品质校从"发展"迈向"深化"（见图 1）。

一、实践：分期探索，久久为功

九年一贯制学校的办学机制有其特有的内在逻辑与行动策略。相比传统的小初各署，九年一贯制强调课程整合、贯通培养，不仅符合教育

---

* 黄向真，深圳市禹明督学工作室第一、第二批成员，深圳市龙华区潜龙学校党总支书记，华中师范大学和香港教育大学双硕士，第四、第五、第六届深圳市督学，深圳市龙华区优秀督学，深圳市龙华区名校长。

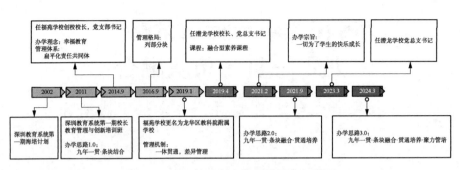

图 1　2002—2024 年办学思路演变与发展

教学的内在规律，而且能够促进教育教学研究的可持续发展。在过去的十三年中，我先后主持过两所九年一贯制学校的工作，这两所学校分属不同的发展阶段：一所是初创校（其间经历了更名转制），另一所是品质校。不同发展阶段的学校必然面临不同的发展需求。在开展贯通式教育，培育创新型人才方面，我经历了"初创前期""初创期""发展期"和"深化期"四个探索阶段。

（一）初创前期：创新学制办学思路

我于 2002 年和 2011 年先后参加了深圳市教育系统第一期海外培训班和深圳市第一期校长教育管理和创新培训班，两次赴美国参加教育留学。在此期间，考察了两个不同时期的美国学校，详细研究了他们的九年一贯制（或十二年一贯制）学校的办学机制，发现美国学校侧重于管理机制的贯通，鲜少勾连各学段学习任务的内在发展逻辑。

2011 年 12 月，在美国布朗大学参加深圳市第一期校长教育管理与创新培训班学习期间，我与校长班的同学共同对九年一贯制学校的办学机制进行了系统思考与研究，重点研究借鉴了当时深圳市少数几所九年一贯制学校的办学经验，并初步提出了九年一贯制学校的办学思路 1.0 版——"九年一贯·条块结合"。其中，"条"指职能部门的业务管理线条，用于整体规划和统一管理；"块"指学段模块的教学管理机制，用于分步组织和分段落实（见图 2）。

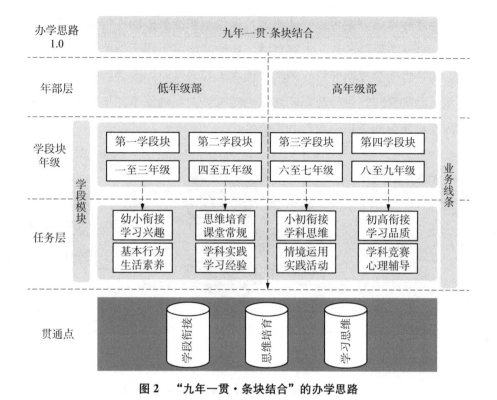

办学思路 1.0	九年一贯·条块结合				
年部层	低年级部		高年级部		
学段块 年级	第一学段块	第二学段块	第三学段块	第四学段块	
	一至三年级	四至五年级	六至七年级	八至九年级	
任务层	幼小衔接 学习兴趣	思维培育 课堂常规	小初衔接 学科思维	初高衔接 学习品质	
	基本行为 生活素养	学科实践 学习经验	情境运用 实践活动	学科竞赛 心理辅导	
贯通点	学段衔接 思维培育 学习思维				

图2 "九年一贯·条块结合"的办学思路

(二)初创期：创新学制运行机制

2014年，我参加深圳市龙华新区面向全市公选校长竞选，并成为龙华新区福苑学校的创校校长。在此期间，我提出了"幸福教育"的办学理念，并开始实施"九年一贯·条块结合"的办学思路。我坚持以人为本，追求卓越，致力于素质教育，促进师生共同进步，努力打造一所"让学生终身留恋的高质量学校"。

1. 机构设置，九年贯通

2014年9月，我提出了打造"扁平化责任共同体"的管理体系（见图3）。首先，简化了学校行政机构，形成校长室、行政职能部门和科级组三级管理体系，确保权责分明，条理清晰。其次，简化了行政人员配置。每个职能部门只设一名负责人，每个学科也只安排一名科组长，实现了"九年一体，一贯到底"的管理理念。如此，各职能部门制定的指导和考核方案可以一体贯通，确保了职能服务的连贯性；课程育人目标也基本保持一致，内容贯通。这种简化不但便于学校开展学科实践活动，也为学校培养目标的实现提供了有力保障。最后，简化了学科实践活动的管理，由行政职能部门点对点负责，确保了九年贯通式教育在内在机制上的逻辑一致性和贯通性。

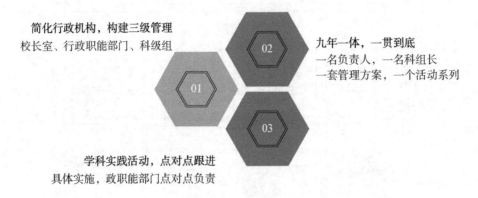

简化行政机构，构建三级管理
校长室、行政职能部门、科级组

01

02
九年一体，一贯到底
一名负责人，一名科组长
一套管理方案，一个活动系列

03

学科实践活动，点对点跟进
具体实施，政职能部门点对点负责

扁平化责任共同体

图3　"扁平化责任共同体"管理体系

2. 遵循规律，列部分块

2016年9月，依照不同学段学生的身心发展规律，学校管理格局进行了"列部分块"的调整，即将学校划分为两部四段，进行学段分块。其中，一至五年级为低年级部，六至九年级为高年级部。由于两个年级部的学生发展任务和学习成长规律不同，需要采取不同的教育教学策略和管理策略。在此基础上，又进一步将两个年级部分列为四个学段年级部，以便于教学管理与教学活动的开展，同时也为教学实施与个性化培育提供了方便。一至三年级为"第一学段块"；四至五年级为"第二学段块"。这两个低年级部学段块的学习方式和教学实施要求依据学段的特点进行个性化设计。六至七年级为"第三学段块"，八至九年级为"第四学段块"。这两个高年级部学段块更加聚焦于学科素养的培育和学生自我实现。

3. 聚焦素养，分类指导

各学段学生的身心发展规律存在差异性。因此，我们聚焦学生的发展需求和核心素养，针对不同学段的学生进行差异化教育，以实现系统的、有针对性的教育实践与研究。以福苑学校为例，学校注重学生发展素养，依托"两部四段"的条块机制，开展"养成式"德育管理和"高效式"教学管理，有效实现分段分块管理（见图4）。

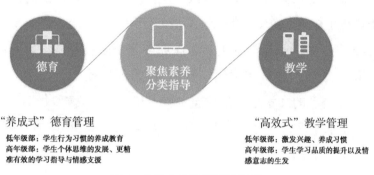

"养成式"德育管理
低年级部：学生行为习惯的养成教育
高年级部：学生个体思维的发展、更精
准有效的学习指导与情感支援

"高效式"教学管理
低年级部：激发兴趣、养成习惯
高年级部：学生学习品质的提升以及情
感意志的生发

图4　分段分块教学管理机制

在年级部工作方面，强化年级部"养成式"德育管理。低年级部的两个学段块重点在于学生行为习惯的养成教育，由德育处领衔负责。而高年级部的两个学段块则更注重学生个体思维的发展，以及提供更精准有效的学习指导与情感支援，重点培养学生优质的学习品质与丰沛的情感意志。这些工作由教学处领衔统筹规划，分段推进。

在学段块工作方面，强化学段块"高效式"教学管理。这种条块机制与后来国家提倡的"双减"教育倡议不谋而合。一方面，低年级部的两个学段块侧重于在整体教学实践与研究中发现兴趣，激发潜能，养成良好的学习习惯，为高年级部的两个学段块的深入学习打下坚实基础；另一方面，高年级的两个学段块则无须重复训练低质量的学习内容，也不需要花大力气整饬学生的不良行为习惯，能更专注于学生学习品质的提升以及情感意志的生发。因此，"两部四段"的条块机制能真正促进九年一贯制学校的"减负增效"。

在实践过程中，我们还尝试了学科整合的做法，将初中的一些基础性知识有意识地渗透到小学教育中，为学生进入初中阶段学习作好铺垫，埋下伏笔，避免学生在学科学习上出现"断裂"与"空白"的情况。

4. 一体贯通，差异管理

九年一贯制学校有其内在的办学逻辑，强调系统性和差异性。2018年底，在福苑学校更名的准备阶段，我对九年一贯制学校的办学思路1.0版进行了梳理、总结和完善。

2019年1月，福苑学校更名为深圳市龙华区教育科学研究院附属学校（简称龙华区教科院附属学校）。作为创校校长，我将"九年一贯·条块结合"的办学思路延伸至"贯通培养"，明确了九年一贯制学校的办学目标，重点在于"一体贯通，差异管理"，并建构了一体贯通的基本架构（见图5）。

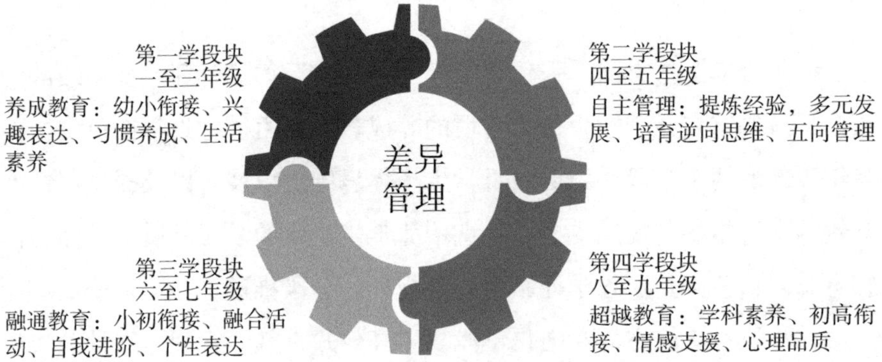

第一学段块
一至三年级
养成教育：幼小衔接、兴趣表达、习惯养成、生活素养

第二学段块
四至五年级
自主管理：提炼经验，多元发展、培育逆向思维、五向管理

差异管理

第三学段块
六至七年级
融通教育：小初衔接、融合活动、自我进阶、个性表达

第四学段块
八至九年级
超越教育：学科素养、初高衔接、情感支援、心理品质

图5　各学段块的差异管理

一方面，依托行政团队，强化科级组引领。学校德育行政管理系统重点关注低年级部"第一学段块"和"第二学段块"，侧重学习兴趣激发与行为习惯养成；学校教学行政管理系统则主要负责高年级部的"第三学段块"和"第四学段块"，专注于学生学习品质与情感意志的培育。另一方面，畅通交流渠道，强化信息条贯通。我在每个年级、每个科组

都安排了一名行政干部直接参与管理与指导，确保了教育管理上的贯通一致，并及时进行反馈。

具体而言，"第一学段块"一至三年级侧重激发学生的学习兴趣，并培养学生良好的学习习惯，此阶段是培育学生自我管理能力的黄金时期。其中一方面是幼小衔接需要更好的适切性；另一方面，也要为高年段的学习打好坚实的基础。因此，龙华区教科院附属学校德育处以"发展学生自主管理、自主发展"为原则，强化学生学习习惯、行为习惯和生活素养的养成教育，从管理一套桌椅、一个书包到一次表演、一次回答，都激励学生朝着"向善、向美、向上、向好、向实"的"五向"自我管理目标发展。

"第二学段块"四至五年级侧重加强学生可逆化学习思维的培养，并强化学生行为习惯的养成教育，特别是课堂学习规范。在此学段块，学生的思维处于形式运算阶段，儿童能够进行抽象思维，掌握符号系统和抽象符号的运用，能够通过语言和符号解决复杂问题。因此，第二学段块所开展的学科教学实践、社团活动以及大型活动，相较第一学段块更加强调因果关系、逻辑推理和展示能力，同时引导学生进行归纳总结，进一步提炼学习和生活经验，培养初步的多元化问题解决思维能力。

"第三学段块"六至七年级侧重学生心理健康教育以及小升初的衔接和学科学习思维的贯通。学校在这一阶段强化教学内容的渗透和学习方法的指导，以避免学生在学科知识上出现"断裂""空白"的情况。学校开展了系列学科实践活动，提升学生知识的情境应用能力，实现实践能力和思维能力的贯通培养。

"第四学段块"八至九年级侧重学科综合素养的探索以及初升高阶段的教学衔接。除了课堂教学之外，学校还积极组织师生参加学科类竞赛，拓宽知识应用的边界，重在强化学生学习品质以及为学生提供适切的心理辅导，锻造坚毅果敢的心理品质。

至此，"九年一贯·条块结合"的办学思路已完成实践，为进一步发展"九年一贯·条块融合"的办学思路奠定了坚实的基础。

（三）发展期：释放机制新质动能

2019 年 4 月底，我调任至潜龙学校。这也是一所九年一贯制学校，且在 11 年发展历程中沉淀了较为丰富的教学研系列活动。2019 年 9 月，我提出了建设"融合型学科素养课程"的计划，以实现课程育人，活动铸魂（见图 6）。

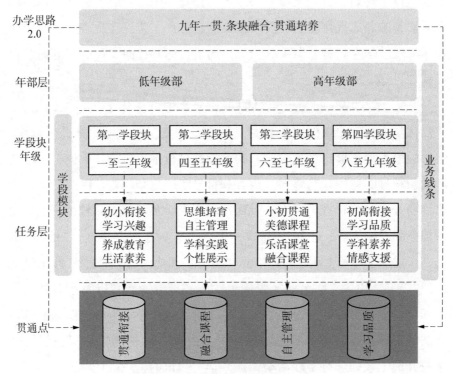

图 6　"融合型学科素养课程"计划

1. 优化课程理念，培育贯通式良师团队

九年一贯制学校的内在机制力求学校的课程理念、课程内容、课程实施以及课程质量评价做到共融共通，一体多样。基于这一理念，我优化了课程理念，以"新课程·新动能·新教法"的原则为基础，优化了学校原有的课程设置，依托国家课程标准，构建融合型素养课程。学校因此逐步打造出"两个维度""三个系列""三个学习社区"以及"N 个

年级俱乐部"等多元化的"二＋三＋三＋N"乐活课程体系。

为确保学校"融合型素养课程"的有效实施，促进课程育人提质增效，我尝试通过贯通四个学段块的师资配比，实现师资循环流动。我将教师能胜任一至九年级四个完整学段块的教学与管理的称之为"大循环"师资力量；能胜任第一、第二学段块的一至五年级或第三、第四学段块的六至九年级的教学与管理称之为"中循环"师资力量；能胜任单一学段块的教学与管理称之为"小循环"师资力量。在九年一贯制的贯通式学制下，学校鼓励教师尽量实现大循环或中循环的教学，让教师自身的专业能力得到贯通式的养成。同时，在潜龙学校，我完善了行政人员下年级管理制度，每个年级安排一名下年级行政人员，每个学段块则安排一名校级领导进行引领与指导，以确保管理上的连贯与支持。

2021年2月，我在潜龙学校提出了"一切为了学生的快乐成长！"的办学宗旨，并进一步融通学段，推行"准十二年一贯化"办学路径，同时在学校的三所附属幼儿园提出了同步贯彻"一切为了孩子的快乐成长！"的办园宗旨。随后，2021年6月，教育部、国家发展改革委、财政部发布《关于深入推进义务教育薄弱环节改善与能力提升工作的意见》，鼓励各地建设九年一贯制学校。在此背景下，对九年一贯制学校的办学思路进行系统的梳理、研究、思考与提升，最终，2021年9月，我制订的九年一贯制学校办学思路2.0版成型——"九年一贯·条块融合·贯通培养"的全链条办学机制（见图7）。

图7　九年一贯制学校办学思路2.0版

2. 细化课程设计，构建融合型素养课程

依托学科教研组和年级组，我们优化了原有课程基础，提炼出核心课程因子，进一步将优质课程因子与德育年部管理经验有机融合，成功打造了学科素养课程和美德课程的双线融合。

例如，在潜龙学校，我们设计了"每月一节日、每周一展示、每班一台戏"系列校本美育课程，这些课程与三类学科素养课程——"文化浸润课程""乐享体验课程""创新探索课程"的有机融合，丰富了"二＋三＋三＋N"乐活课程体系。具体来说，"文化浸润课程"面向全体学生，帮助学生夯实基础，强调研究思考，培养学生的文化自信；"乐享体验课程"面向特质群体，帮助学生开阔视野，强调体验感悟，促进学生快乐成长；"创新探索课程"面向个体，帮助学生丰富个性，强调实践应用，培养"有点子并能付诸实践"的创客学子。而这三类学科素养课程的实践路径正是"乐活大课堂""月·节文化""班级文化展示""周周有表彰"等美德实践活动。通过这些活动，我们逐步实现了学科素养课程与美德课程的双线融合（见图8）。

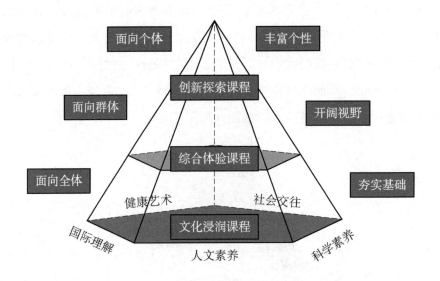

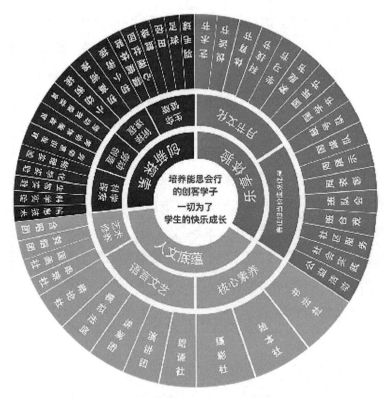

图8　学科素养课程与美德课程的融合

3. 推进课程实施，释放课程元素

融合型课程体系的建构，体现在学科教学实践活动与美德实践活动有机融合，实现学科元素、实践元素以及融合元素的深度结合，促进学段实践活动的融通互润。

具体而言，在九年一贯制学校中，"第一学段块"（一至三年级）侧重幼小衔接，激发学生体验新学科学习的兴趣。同时，开展"养成式"德育，从基本行为规范开始，逐层进阶到美德素养课程。教学内容注重生活教育和学科兴趣的培养，德育内容则专注于行为养成和规则教育的实施。"第二学段块"（四至五年级）则侧重美德素养课程的进阶引领，引导学生朝着"向善、向美、向上、向好、向实"的"五向"自我管理之星发展，其中"学习标兵"的评价量规与"五向之星"的评价元素互通互融。而教学内容和课程实践活动，也会强调社会公德与道德榜样的传承，同时加强对学生的纪律教育，培养学生可逆化学习思维。"第三学段块"（六至七年级）侧重体验融合型学科实践活动。在活动设计中，增加了学生基础行为规范和美德元素的评价元素，同时加强了学生心理健康教育和小升初的衔接，以及学科学习思维的贯通。这一阶段，强调学生学习素养和美德元素的双线发展，促进学生全人发展，实现进阶式、一体化的自我实现与自我超越。在"第四学段块"（八至九年级），重点放在学科素养的探索以及初升高的教学衔接，特别强调强化学生的学习品质以及为学生提供适切的情感支援。其中，情感支援包含心理健康教育、青春期教育以及学生生涯规划。

至此，"九年一贯·条块融合·贯通培养"的办学思路 2.0 已完成实践，为下一阶段的深化与发展奠定了坚实的基础（见图 9）。

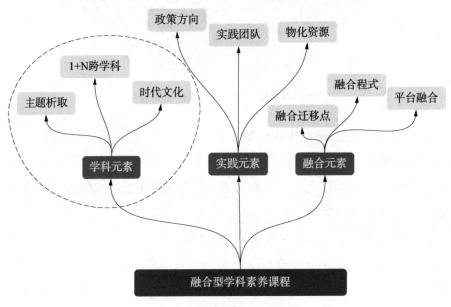

图 9　融合型学科素养课程

（四）深化期：凝心聚力共育新人

2022 年 1 月，中共中央办公厅印发了《关于建立中小学校党组织领导的校长负责制的意见（试行）》。2023 年 3 月，我不再兼任潜龙学校校长。作为潜龙学校党总支书记，我继续深化规范办学思路与学校制度，深度优化办学资源和全链条管理机制，深化教科研学四位一体，走内涵发展之路（见图 10）。

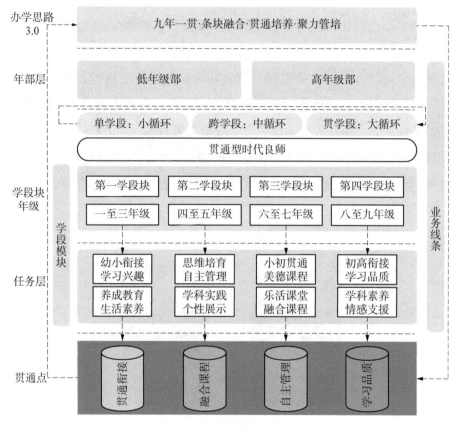

图 10　办学思路的深化与演进

1. 深化条块融合，实现共融共进

九年一贯制学校不只是在学制上实现贯通，更需将培养目标和办学宗旨融入每一个学段。因此，本阶段有两项核心工作：一是将"业务线条"与"学段模块"进行深度融合，以实现规范管理；二是系统梳理和总结前三个阶段的经验，优化"两部四段"的顶层设计与管理制度。具体安排如下：

　　第一项工作从以下两个方面展开：一方面，行政管理与职能部门在业务设计、业务实施、业务反馈上必须充分考虑各学段块的学情、师情和资源，使纵向业务推进更顺畅，更有针对性；另一方面，各学段块在教学目标、学科实践活动、校本课程的落实上需做到"有制度、有组织、有方案、有反馈、有效果"等工作机制。比如，学科实践活动的开展，需要年级部协助统筹各学科的时间安排、资源调配和进程维护；而在素养实践活动中，则需要学段块提供内容设计、资源供给和进程指导。如此，条块融合机制才能发挥高质效功能，条块机制运行也更加规范。第二项工作强调经验优化与制度管理。一方面，系统优化前三个探索时期的一线经验，编撰校本管理手册《潜龙宝典》，促进感性认知与实践经验理论化；另一方面，优化条块系统的管理制度，具化可操作性强的工作规章制度、管理细则以及评价量规，确保行有所依（见图11）。

图 11　条块融合机制

2. 深化资源整合，实现聚力管培

　　九年一贯制的高效运行必须依托资源的有效调配。因此，本阶段将从三个维度深化资源整合，确保条块机制的全线贯通与高效执行。一是打造"贯通型时代良师"教学团队，确保九年一贯制办学机制的可持续发展。一方面，优化教师结构，从政治素养、教师学力、个性特长、学科教研和职能适配五个方面入手，培养一支"有情怀、有学力、可持

续、可循环"的"贯通型时代良师"队伍；另一方面，强化行政团队的工作质效和团队凝聚。二是教学硬件、校产资源、制度资源、人力资源重新盘点、归类，以便统一调配，合理流通。三是依照制度，为教科研学各类竞赛、评比、交流提供合法合规的资金支持。至此，在"人、物、财"三个维度的系统护航之下，资源赋能条块机制的管理格局基本形成，实现了九年一贯制学校高效，全面的发展目标（见图 12）。

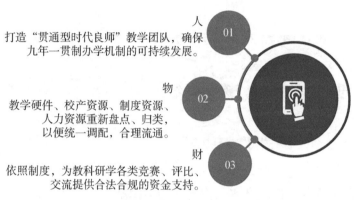

人
01
打造"贯通型时代良师"教学团队，确保
九年一贯制办学机制的可持续发展。

物
02
教学硬件、校产资源、制度资源、
人力资源重新盘点、归类，
以便统一调配，合理流通。

财
03
依照制度，为教科研学各类竞赛、评比、
交流提供合法合规的资金支持。

图 12 "人物、财"三个维度进行资源整合

3. 深化思维聚合，实现互联互动

随着前三个探索时期的纵深实践，九年一贯制的办学机制要实现更高效率的运行就必须在运行思维上实现聚合。因此，本阶段将德育、教学、科研、学法等四个管理条块有机串联（见图 13）。一是德育管理勾连教学管理。"养成式"德育管理机制对不同学段的学生开展针对性的教育，每一项教育项目均对标不同学段的学生素养、学科素养及学段任务。例如，心理健康教育课程，融合语文学科课本剧与音乐学科，让学生在戏剧展示与音乐疗愈中认识和调节自我情绪。二是教育科学研究勾连学法指导。本阶段的科研项目均基于学生学习问题的课题研究，从真实学习情境中来，最后回到真实学生学习中去。例如，中学语文教研组基于"1＋N"的课程建设理念，撰写了《真实写作——统编版初中语文写作学习元素开发与运用》书籍，通过学生日常写作，聚焦写作过

程，培养学生的写作能力。

图 13　德育、教学、科研、学法四个管理条块的有机串联

二、反思：总结经验，探明概念

（一）总结经验："得"与"失"

十三年以来，我一直在讲台上开展跨学段教学实践。一方面，为了更深刻地了解老师们的真实工作与遇到的困难；另一方面，为了让自己保持教研的习惯。在过去产的五年中，我负责了全校的第一节公开课，从备课、磨课到观课、议课，每一个环节都积极参与。同时，我也进行了跨学校管理实践，从新创校到品质校，先后管理了两所九年一贯制学校，历经三个发展时期。在这个过程中，我的教育理念也经历了蝶化过程。从三十年前读书时"做最会考试的学生，崇拜最会教考试的老师"转化为二十年前参加教育海培，在实践中探索，在探索中思变。其间，我出版了几本教育专著：《中美学校文化比较》《中美素质教育比较》和《探索课堂：中美课堂教学比较》。这些著作记录了我在教育领域的探索和思考，进一步推动了我对教育理念的深刻理解和实施。近几年，在区域教育峰会上，我开始聚焦核心素养，立足课程建设，深化九年一贯制融通教育，培养新时代好少年。其间，潜龙学校被评为"深圳市先进教育工作单位"，在中考优质均衡及初中学业增值方面名列龙华区前列，教学质量也实现了"多年高质稳定"。

（二）分析利弊：“利”与“弊”

九年一贯制学校在创新机制的运行过程中，呈现出许多优势，包括：①教育目标的统一性；②学生成长和特长培养贯通性；③资源共享性；④师资贯通性；⑤教育教学改革发展性。然而，任何事物都具有两面性。九年一贯制学校在创新学制的运行过程中也会出现一些问题，如学校管理思维的定式、考核评价难以平衡教师管理的难度，以及学生身心差异明显带来的教育管理挑战。

经验的总结是为了更好地出发。经过十三年的实践研究，我逐渐明确了自己九年一贯制学校的办学思路——“九年一贯·条块融合”，辅之的管理原则为“九年一贯，共融共享，贯通培养；条块融合，分段实施，聚力管培”。在学校管理实践过程中，我有意识地开始编撰了九年一贯制学校办学机制的制度汇编，如《潜龙宝典》，构筑了融合型学科素养课程体系，如“乐活课程、月·节文化课程、自主管理课程”，并且建立了“扁平化责任共同体”的学校管理体系。同时，我也正式提出了“走素质教育之路，促进师生共同进步”的办学愿景以及“一切为了学生的快乐成长！”的办学宗旨。

（三）明晰概念：“条”与“块”

1.“条”指职能部门的业务管理机制

“条”强调“贯”。“贯”即“贯通培养”，强调管理的协同和一致性。“贯”所包含的内容丰富，包括办学理念、德育管理、教学管理、行政管理、评优评先、职称评聘等各个方面，都按不同的业务线条进行整体规划和贯彻，统一要求，统一管理。

以潜龙学校为例，潜龙学校“一校四部”（学校本部和三所附属幼儿园）为“准十二年”贯通培养。学校将具有共性的工作统一管理，包括统一的规章制度、财务管理、工作安排、学校德育和后勤工作。通过这种方式，实现了“准十二年”贯通培养机制的统一管理和共融共进。在管理实践中，学校始终坚持“九年一贯·条块融合”的办学思路。例如，在各方面的规章制度，管理者职责，教职工考核评估办法以及各项工作的规范与要求上，学校的校风学风，师生在校常规，安全系列制度，都实行九年一贯的整体规划。德育、教学、教研、科技文体等各项学科实践活动都紧密符合学校的整体培养目标。

2."块"指学段模块的教学管理机制

学校管理实现了扁平化和重心下沉策略。各年级、各科组按照四个学段块的学生特点进行具体落实与管理，分步组织、分段落实，强调凝心聚力。以潜龙学校为例，学校本部针对中小学教育教学工作的特点，进一步划分为"两部四段"。具体来说，一至五年级组成低年级部，六至九年级组成高年级部；低年级部包括一、二、三年级和四、五年级两段，高年级部分则包括六、七年级和八、九年级两段。学校的德育、教学、教研以及科技艺体等具体活动都按照学段块进行分步组织和分段落实。这种管理模式有助于有效地针对不同学段学生的需求，实现教育教学工作的高效管理。

三、提炼：实践价值，融会贯通

（一）理念共融

九年一贯制学校作为一个完整的生态系统，其特殊的内在逻辑要求机制运行具备系统性、整体性和协同性。因此，办学理念、培养目标、管理制度、学段衔接、行动策略和运行机制等诸多方面必须实现共融共进，以确保高质量的教育教学和有效的学校管理。一方面，健全管理制度，实施规范化管理。包括完善党政联席会议、党总支会议、校长办公会议、教代会议事制度、家长教育委员会活动制度以及学校各职能部门的管理制度。其中，职能管理部门应根据工作实际，不断更新实用性强、适切的工作细则与评价量规。另一方面，秉持立德树人，实现科学化育人。依托融合型素养课程体系，优化课堂教学，开展高品质的学科素养实践活动，培养贯通型时代良师团队，以确保为党育人，为国育才的时代追求得以实现。

（二）资源共享

九年一贯制学校在资源配置上的关键在于实现一体贯通、合力并进，确保人、财、物的统一调配，促成合力。具体措施包括：一是优化干部队伍。学校党组织在方向、管大局、做决策、抓班子、带队伍、保落实等方面发挥核心作用，关注学校优质均衡发展。校长具体负责全校的教育教学业务和行政业务管理，重点关注高年级学段的管理工作。副校长则具体负责部分业务线条的管理，侧重低年级学段的工作管理。二是打造"贯通型时代良师"团队，形成优势互补，凝心聚力的优师矩阵。通过加强教师交流，师资聘用全盘化，盘活教师资源，使人才优势得到充分发挥。坚持"按需置岗，择适上岗"的用人机制，确保每位教师在最适合自己的岗位上发挥最大的作用。三是依照制度，为教科研学各类竞赛、评比、交流提供合法合规的资金支持。四是重新盘点教学硬件、校产资源、制度资源、人力资源，确保各项目能够得到统一调配，形成合力支援的机制。

（三）德育畅通

九年一贯制学校在德育管理方面，需要充分发挥"德育护航，熔铸灵魂"的教育作用，将培养目标与学生心理特点、年龄结构和成长规律联通联培，确保高年级部与低年级部在德育管理的内部畅通，并与学段块之间形成有效的交叉联通，积极培养学生积极正向的美德品质。学校可以将德育课程中的思想教育、政治教育、法治教育、道德教育、心理素质教育渗透到四个学段块的各类学习活动中（见图 14）。具体而言，"第一学段块"以生活教育为主线，关联学生自主管理与学习习惯的养成；"第二学段块"以榜样教育为主线，关联学科实践活动，强化自主发展与责任意识；"第三学段块"以青春教育为主线，关联心理健康课程，支援学生青春成长；"第四学段块"以超越自我为主线，关联学科学习品质锻炼，促进学生自信与成功。

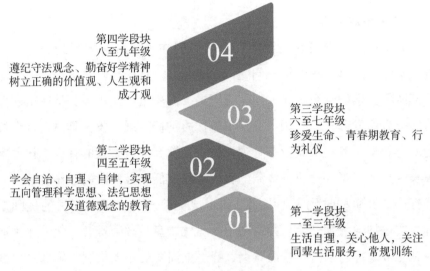

第四学段块
八至九年级
遵纪守法观念、勤奋好学精神
树立正确的价值观、人生观和
成才观

04

03

第三学段块
六至七年级
珍爱生命、青春期教育、行
为礼仪

第二学段块
四至五年级
学会自治、自理、自律，实现
五向管理科学思想、法纪思想
及道德观念的教育

02

01

第一学段块
一至三年级
生活自理，关心他人，关注
同辈生活服务，常规训练

图 14　四个学段块的学习活动

（四）教学贯通

"九年一贯·条块融合"模式促成课程设计与课程实施的贯通运行。一方面，通过资源共享，为教师在跨学科教学实践与研究中提供支持和机制保障，实现九年一贯制学校教学目标的统一；另一方面，德育的畅通保障了教学内容与学科实践的有效衔接，使学生能够在学校中完整地体验不同梯度和不同向度的学科实践活动。这种安排为学生实现自我认识、自我超越提供了一个可持续生长的生命体验场。

特别是，"融合型学科素养课程"在教学内容的选择和可融元素的析取上能够实现互融互鉴，有系统、有梯度地培养学生的思辨与创造思维。各学段块的设计如图 15 所示："第一学段块"旨在激趣、导学，教学内容侧重于真实语言情境的趣味与运用；"第二学段块"旨在延展、进学，教学内容注重学科学习元素的融合与实践，让学生体验不同学科特质元素的延展类学科基础活动；"第三学段块"旨在个性、深学，教学内容侧重于极富个性的跨学科体验与展示，让学生体验不同训练重点和学科特色的学科融合活动；"第四学段块"旨在竞争、治学，教学内容着重于学习品质与情感意志的培育，让学生在学科类专项训练活动中不断挑战自我。融合型学科素养课程依托"乐活课堂""月·节文化""五向自主管理"等系列学科活动，系统地渗透九年一贯制学校统一的培养目标，系统提升学生厚实的学力，熔铸时代新人的精神世界，彰显了"九年一贯·条块融合"办学模式的自信和成效。

第一学段块
一至三年级

激趣、导学
真实情境的趣味与运用、
学科样态的体验

第二学段块
四至五年级

延展、进学
学科学习元素的融合与实践

第三学段块
六至七年级

个性、深学
跨学科体验与展示，
特色社团训练

第四学段块
八至九年级

竞争、治学
学习品质与情感意志
的培育学科类竞赛

图15　四个学段块的设计内容

四、总结：九年一贯贯通培养结硕果，条块融合合力管培创新质

从福苑学校的"九年一贯·条块结合"到潜龙学校的"九年一贯·条块融合"，我一直致力于追求教育的连贯性与生成性，构建连续、系统、整体的九年一贯办学机制。九年一贯制学校的办学机制经历了分期探索，并逐步深化。在不断地总结与探索的过程中，"九年一贯·条块融合"的办学思路正呈现出丰沛的生长力，为九年一贯制学校的探索提供了坚实而实用的实践价值。

九年一贯制实验学校:"一贯"在哪里？"实验"些什么？

黄锦城*

随着社会的快速发展，教育领域正面临着前所未有的挑战和机遇。九年一贯制实验学校作为应对这些挑战的一种教育模式，以其独特的"一贯制"和"实验"性质受到了广泛关注。

"一贯制"是九年一贯制实验学校的核心特征之一。它打破了传统教育体系中小学的分割，实现了教育的连贯性和一致性。这种连贯性不但体现在课程设置上，更体现在教育理念和教学方法的延续上。通过对学生成长过程的全程关注，九年一贯制实验学校能够更好地满足学生的个性化需求，促进他们的全面发展。

作为实验学校，九年一贯制学校承载着教育改革实验的重要使命。这些实验涉及教育方法的创新、教育理论的实践、教学模式的探索、教育体制的改革以及教育科研的深入等多个方面。通过这些实验，学校不断探索更有效的教育途径，以更好地满足社会对人才的需求。同时，这些实验也为其他学校提供了可借鉴的经验和模式。

---

* 黄锦城，深圳市禹明督学工作室第二批成员，深圳市龙岗区平湖第二实验学校党支部书记、校长，第六届深圳市督学，深圳市龙岗区名校长。

一、"实验学校"的发展与溯源

（一）"实验学校"的命名演变

关于"实验学校"的命名演变，与中国的教育改革和教育理念的发展密切相关，主要经历了起源、发展以及多样化三大阶段。

1. 起源阶段

在新中国成立初期，为了探索新的教育模式和教学方法，一些学校被命名为"实验学校"。这些学校通常配备了优秀的教师团队，拥有先进的教学设备，并承担探索和实践新的教育理念和教学方法的任务。

2. 发展阶段

随着教育改革的深入，越来越多的学校被命名为"实验学校"。这些学校不但在教学方法和课程设置上进行创新，而且注重培养学生的创新精神和实践能力。在这一阶段，"实验学校"的名称更多地体现了学校在教育领域的探索和所处的领先地位。

3. 多样化阶段

进入 21 世纪后，"实验学校"的命名形式逐渐多样化，一些学校将"实验"与其他词语结合，形成新的命名方式，如"外国语实验学校""创新实验学校"等。这些命名方式既体现了学校的办学特色，也展示了学校在教育领域的多元化探索。

（二）校名的命名形式

校名的命名形式多种多样，各具特色。不同的命名形式反映了学校的不同特点和文化底蕴，同时也为学校的发展提供了独特的标识和品牌效应。

以"实验"命名的学校通常注重教育改革和创新实践，致力于探索新的教育理念和教学方法。

以"外国语"命名的学校专注于外语教育，通常提供多种外语课程，并强调跨文化交流和国际化教育。

以"创新"命名的学校注重培养学生的创新精神和实践能力，通过项目式学习、跨学科课程等方式，鼓励学生主动探索、解决问题和创造新知。

以"未来"命名的学校强调面向未来的教育理念和教学方式，关注科技、人工智能、可持续发展等前沿领域，并致力于培养能够适应未来社会的学生。

以"数字"命名的学校通常与信息技术和数字化教育紧密相关，采用数字化教学工具、在线学习平台等方式，提供灵活、高效和个性化的学习体验。

以"地名"命名的校名通常与学校的地理位置或所在地的历史文化背景相关，如"北京大学""上海交通大学"等。

以"雅称"命名的学校是对学校的一种尊称或美称，通常简洁易记且富有文化内涵，如"清华大学"等。

总之，校名的命名形式多种多样，反映了学校的办学特色、教育理念和文化内涵。通过了解不同校名的命名形式，我们可以更深入地了解学校的办学理念和特色。

二、九年一贯制实验学校的"实验"实践

深圳市龙岗区平湖第二实验学校的"实验"主要体现在其教育实践中对先进教育理念和方法的探索与实施，具体包括"立德树人的育人宗旨"和"专业发展的课程衔接"两个方面。

（一）九年一贯制育人——"三旗"联动

深圳市龙岗区平湖第二实验学校在育人方面采用了一贯制的育人模式，推行"党旗所指、团旗所向、队旗跟上"的"三旗"联动方略。这里的"三旗"指的是党旗、团旗和队旗，分别代表了学校中的党组织、

共青团组织和少先队组织。通过"三旗联动",学校旨在实现党组织对共青团和少先队的领导,同时促进这三个组织之间的紧密合作和相互支持,从而形成一体化的育人体系。

1. 党建引领

深圳市龙岗区平湖第二实验学校以"党建"为核心,以"为党育人,为国育才"为教育目标,落实党组织领导的校长负责制,强化党组织的示范引领作用,创新"党建+"模式,引领学校发展。学校党组织发挥领导核心作用,制定学校的育人方针和发展规划。同时,通过党员教师的示范引领,推动学校的师德师风建设和教育教学质量的提升。

2. 团队共建

共青团和少先队组织作为学校育人的重要力量,与党组织紧密合作,共同开展各种育人活动。通过团队共建,加强学生的思想政治教育和品德教育,培养学生的集体意识和团队精神。

3. 活动育人

学校通过组织丰富多彩的活动,如主题教育、志愿服务、社会实践等,让学生在参与中感受团队的力量,体验成功的喜悦,增强自信心和责任感。这些活动不仅丰富了学生的课余生活,也为他们提供了展示自我、锻炼能力的平台。

4. 家校合作

平湖第二实验学校注重家校合作,通过家长会、家访等形式加强与家长的沟通和联系。同时,学校还邀请家长参与各类育人活动,共同关注学生的成长和发展。这种家校合作的方式有助于形成教育合力,促进学生的全面发展。

总之,平湖第二实验学校通过"三旗联动"的育人模式,实现了党组织对共青团和少先队的领导,促进了三个组织之间的紧密合作和相互支持。这种育人模式有助于形成一体化的育人体系,为学生的全面发展提供了有力保障。

（二）九年一贯制课程——学段衔接

平湖第二实验学校在一贯制课程的学段衔接方面采取了多种创新举措，这些措施旨在确保学生在各个学习阶段都能顺利过渡，实现知识与能力的有效衔接。

1. 幼小衔接，双向奔赴

幼小衔接是儿童从幼儿园进入小学的重要过渡阶段。平湖第二实验学校注重幼小衔接的双向奔赴，即幼儿园和小学双方都要作好准备，共同协作，确保孩子顺利适应小学的学习生活。学校通过组织幼儿园和小学教师的交流合作，共同制订幼小衔接计划，让孩子在心理和知识上都能顺利过渡。

2. 融智课堂，衔接有方

融智课堂是学校在学段衔接中的又一创新举措。它强调知识的融合与贯通，注重培养学生的综合能力和创新思维。在融智课堂中，教师采用多种教学方法和手段，如跨学科融合教学、项目式学习等，让学生在实践中学习、在探索中成长。这种教学模式有助于学生在不同学段之间实现知识的有效衔接。

3. 多彩乐考，奠定底色

多彩乐考是学校在学段衔接中针对考试改革的一项创新举措。传统的考试往往注重知识的记忆和应试技巧的训练，而多彩乐考则注重学生的综合素质和能力的评价。通过设计丰富多彩的考试形式和内容，让学生在轻松愉快的氛围中展示自己的才能和潜力。这种考试方式有助于培养学生的自信心和创造力，为他们的未来发展奠定坚实的基础。

4. 小初衔接，融慧引领

小初衔接是小学和初中之间的过渡阶段。在这个阶段，学生需要适应新的学习环境和学科体系。平湖第二实验学校注重小初衔接的融慧引领，即通过智慧和融合的方式引导学生顺利过渡。学校组织小学和初中教师的交流合作，共同制订小初衔接计划，确保学生在学习和生活上都能得到充分的支持和帮助。

5. 初高衔接，美好携手

初高衔接是初中和高中之间的过渡阶段。在这个阶段，学生需要面对更加复杂和深入的学习内容。平湖第二实验学校注重初高衔接的美好携手，即通过美好的合作和携手共进的方式帮助学生顺利适应高中的学习生活。学校组织初中和高中教师的交流合作，共同制订初高衔接计划，确保学生在学习和心理上都能得到充分的支持和帮助。同时，学校也加强与家长的沟通和合作，共同为孩子的未来发展创造良好的环境。

三、九年一贯制实验学校的"实验"思考

九年一贯制实验学校在发挥优势、扬长避短方面，可以从以下几个方面着手。

1. 教学设备配备统筹考虑

学校应确保教学设施和设备齐全、先进，以满足各个学段的教学需求。例如，微机室、语音室、多媒体教室、物理实验室、化学仪器、体育设备、音乐教学设施等，都需要达到一定的标准，以保证教学质量。同时，制定并执行严格的教材选用和课程设置标准，确保各个学段之间的课程衔接顺畅，避免知识断层或重复。

2. 师资培训统筹设计

学校应加强教师的专业培训，特别是中小学教师之间的交流和合作，以提升教师的教育教学水平。例如，可以组织中小学教师共同备课、互相听课、评课等活动，促进教学方法的交流和融合。同时，鼓励教师参加各种教育培训和学术交流活动，拓宽他们的视野和知识面，提高综合素质；建立完善的教师激励机制，对表现优秀的教师给予表彰和奖励，以激发教师的工作热情和积极性。

3. 干部培养统筹规划

学校应加强干部的培养和管理，提升其领导能力和管理水平。例如，组织干部参加各种培训和学习活动，以提升他们的业务素质和综

合素质。同时，建立健全的干部选拔和考核机制，选拔具备领导才能和管理经验的干部担任学校的重要职务，确保学校各项工作的顺利开展。

4. 评价机制统筹制定

学校应建立完善的评价机制，对学生的学习成果、教师的教学质量和学校的管理水平进行全面、客观的评价。评价标准应科学、合理、公正，不仅要注重学生的学科知识掌握程度，还要注重学生的综合素质和创新能力的培养。评价结果应及时反馈给教师和学生，帮助他们了解自身的优势和不足，促进他们的个人成长和发展。通过评价机制的建立和实施，促进学校内部的良性竞争和协作，提高学校的教育教学质量和管理水平。

总之，九年一贯制实验学校应注重发挥自身优势，同时克服潜在问题，通过持续优化教学设施、加强师资培训、培养优秀干部以及完善评价机制等措施，不断提升教育教学质量和管理水平，为学生的全面发展奠定坚实的基础。

四、结论

九年一贯制学校实现"贯通"的核心在于确保小学和初中教育之间的无缝衔接，为学生提供连贯、一致的教育体验。在这个过程中，"实验"显得尤为重要，因为它允许学校在实践中探索和创新，找到最适合学生的教育模式。一贯制实验学校的实施对学生成长和教师发展产生了深远影响。对于学生来说，他们能够在更加连贯和一致的教育环境中成长，有利于培养他们的综合素质和创新能力。对于教师来说，他们能够在更加开放和包容的教学环境中工作，有利于激发他们的教学热情和创新能力。此外，一贯制实验学校还促进了教育资源的优化配置和教育质量的提升。

总之，九年一贯制学校实现"贯通"需要不断探索和创新。通过

"实验"，学校可以找到最适合学生的教育模式，为学生提供连贯、一致的教育体验。同时，学校也需要注重与家长的沟通和合作，形成教育合力，共同促进学生的成长和发展。

守正创新　可拓怡翠

——怡翠实验学校"可拓教育"实验探讨

何小花[*]

陶行知先生曾说过:"国家把整个的学校交给你,你要用整个的心去做整个的校长。"时光荏苒,我担任怡翠实验学校校长已三年有余。这段时间我且行且思,如何将"实验"的精神贯彻到学校的日常工作中,如何在传承历史的同时推陈出新,如何跟紧时代的步伐使学校发展更进一步?这些问题时常萦绕在我的脑海中,时刻告诫我,重任在肩,必须与时俱进。

一、学校概况

怡翠实验学校位于龙岗区中海怡翠山庄内,建成于 2001 年,2010年由民办学校转制为九年一贯制公办学校,占地面积 9 002.53 平方米,建筑面积 9 657.84 平方米。

2010 年 9 月,经深圳市龙岗区人民政府批准,学校更名为"深圳市龙岗区布吉中海怡翠学校"。2019 年 3 月,再次更名为"深圳市龙岗区吉华街道怡翠实验学校"。学校的办学宗旨是为学生的全面发展和终

---

* 何小花,深圳市禹明督学工作室第二批成员,深圳市龙岗区怡翠实验学校党支部书记、校长,香港教育大学硕士,第五届深圳市龙岗区督学,深圳市龙岗区优秀督学、优秀校长、龙岗区何小花督学工作室主持人。

身幸福奠基。

2024年9月，学校共设有40个教学班（小学部34个班，初中部6个班），共计学生1985人，教职工135人。教师队伍中涵盖多名省、市、区级骨干教师和优秀教师。学校被认定为全国国际象棋特色名校、广东省"迈向碳中和"首批试点学校等。此外，学校先后荣获深圳市教育工作先进单位、深圳市创意文化示范学校、龙岗区教育系统先进单位、龙岗区智慧校园建设示范学校、龙岗区教育系统先进基层党支部、龙岗区初中教学质量卓越奖、龙岗区学生体质健康水平优秀奖、深圳市龙岗区少先队红旗大队等多项荣誉称号。

二、发展困境

（一）与学校标准建设差距较大

根据《龙岗区义务教育学校建设标准提升指引》（2018年）的要求，九年一贯制学校需配置劳动技术教室、探究实验室、理生化实验室、史地教室、教师宿舍等设施。怡翠实验学校目前的校舍状况与《深圳市城市规划标准与准则》（2019年局部修订稿）及《龙岗区义务教育学校建设标准提升指引》中规定的普通教室、艺术教室、食堂、体育馆等用房标准存在较大差距，包括生均占地面积和建筑面积均不达标。按照建设标准，一个36个班规模的九年一贯制学校占地面积标准为16 300～25 700平方米，怡翠实验学校仅为9 002.53平方米；建筑面积需求标准为37 738.40平方米，怡翠实验学校仅为8 461.30平方米，生均占地面积标准为9.5～15.0平方米，而怡翠实验学校仅为2.06平方米。

（二）现有学位供给无法满足片区适龄儿童入学需求

由于近年来学校所服务的片区经济社会发展迅速，人口快速增长，学位需求非常迫切。学校亟须扩大校舍规模，以满足学位增长需求。近三年来，学校小学和初中的入学录取分数均稳定在 100 分（入学条件积分）以上。

（三）学校周边交通制约教师队伍发展

学校位于中海怡翠山庄内，该小区的车位本就十分紧张，难以满足本小区居民的停车需求，学校开车上班的教师每天都要花很长时间找停车位，直接影响到教师的正常工作。此外，这种情况也导致部分优秀教师流失。来校交流或检查工作的人员同样面临找车位难的问题，制约了学校各项活动的交流开展，对教师队伍的专业发展产生了不利影响。

这些问题囿于现实情况，难以在短时间内解决。同时，学校也有一些显著的优势：地理位置优越，生源来自周边小区，学生素养相对较高，家长对学生的学习比较关注，并能给予相应支持；学校教师爱岗敬业，全身心投入教育工作；学生的学业成绩优良。

在现有情况下，如何进行"实验"，依托什么"抓手"，遵循什么"路径"……对于一个新手校长来说，确实是一个棘手的问题。实验，顾名思义，就是实际经验或效验通过某种操作或活动来检验某种科学理论或假设的过程。胡适在《实验主义》中说："有时候，一种假设的意思，不容易证明，因为这种假设的证明所需要的情形平常不容易遇着，必须特地造出这种情形，方才可以试验那种假设的是非。凡科学上的证明，大概都是这一种，我们叫作'实验'。"1949 年 11 月，位于济南的华东大学附属中学更名为省立实验中学，成为新中国第一所实验学校。其目的是探索建立区别于旧式学校的新式教育体系，对教育进行改革，并取得了显著成效。对于学校而言，校园文化、教学方式、教材选择、师资力量、教学质量、创新力度和课程体系等元素都至关重要。我试着从文化理念、课程建设和硬件设施等方面入手，进行"实验"探索。

三、实验探索印迹

（一）文化理念方面，引进"可拓"思想，建设"可拓"体系

可拓学是由中国学者创立的一门新兴学科，通过形式化模型研究事物拓展的规律与方法，并用于解决矛盾问题。可拓学的研究对象是矛盾问题，而矛盾无处不在。可拓学创始人蔡文研究员是国家级有突出贡献的专家，中国科协特聘的"全国可拓学首席科学传播专家"，同时担任中国人工智能学会可拓学专业委员会荣誉主任和广东工业大学可拓学与创新方法研究所荣誉所长。他曾荣获首届吴文俊人工智能科学技术奖"创新奖"一等奖。

在接触到可拓学时，我认为它非常契合当前教育改革的关键问题。2017 年颁布的《关于深化教育体制机制改革的意见》明确指出："要注重培养支撑终身发展、适应时代要求的关键能力。"学生在学校中形成的关键能力，将决定他们在未来竞争中的优势地位以及对未来社会的适应能力。因而培养学生的关键能力成为发展学生核心素养的重要指标之一。所谓关键能力，是指"一种独立于具体的专业能力以外的能力，与纯粹的专业职业技能和知识没有直接的联系，是劳动者对不同职业的适应能力以及不断自我发展的能力"。

长期以来，我国基础教育存在重知识传授、轻能力培养的问题，而发展学生核心素养，培养学生关键能力是解决这一问题的有效途径。中小学是学生各方面素质形成的关键时期，也是培养学生关键能力的重要阶段。在这一阶段，学校应注重培养学生优秀的心理品格、良好的心理资本，以及具备终身学习、未来职业发展和适应社会生活等方面的关键能力。由此可见，探究中小学生关键能力构成要素及其培养策略，不但是教育改革发展的趋势，也是发展中小学生核心素养的内在要求，更是解决当前基础教育中现实问题的迫切需要。我认为，创新不仅仅是创造全新的技能，更在于发现每个学生的能力，激发他们的潜力。再先进的

技术，再独特的创意，也离不开人的创造思维。在日常教育教学活动中，如何激发每个学生的创造积极性，培养系统的创造性思维，离不开文化理念的引领。学校以德育为切入口，成功申报了深圳市教育科学规划 2022 年度课题，题目为"可拓创新思维在中小学心育、德育中的实践应用探索——以深圳市龙岗区怡翠实验学校为例"。学校以此课题为抓手，从德育出发，将"可拓"理念贯彻落实。通过校长心育课堂的开设、校园拓智馆的揭牌、学生跨学科综合实践活动、三维编程可拓思课堂等，每一个可拓创新的点滴串联起怡心育人的磅礴伟力。"怡心育人、可拓未来"班主任专业技能大赛、青蓝工程师徒结对活动、新入职教师见面会、培训交流会……一个个可拓的分享平台，传颂着关于"传承、减负、可拓"的怡翠育人故事。

（二）课程建设方面，基于国家课程，拓展特色课程

北京中学校长夏青峰曾说过："办成什么样的学校，不是目的；培养出什么样的人，才是根本。"办学是为了育人，办学是手段，育人才是目的。学校的高质量发展是载体，是平台，而学生的高质量成长才是根本，才是目标。《一个被称作学校的地方》一书总结出学校教育的四大目标领域：①智力目标，包括所有智慧技能的培养和知识面的拓展；②职业教育目标，培养学生胜任未来职业的能力，并具有经济上的责任感；③社会和公民教育目标，帮助学生做好参与复杂社会的准备；④个人发展目标，强调个人责任感、才能和自由表达能力的培养。

学校基于面积小、功能室少、人数多等现实情况，在完成国家课程的同时，从党建活动、德育活动、学科活动、社团活动四个方面进行了设计和整合，开展了丰富多彩的主题教育活动。从步入校园开始的小学长一对一帮带，到迎新仪式中为同学们精心准备的"怡翠三宝"、"梦想号"列车乘车券，我们用爱和温暖，引领孩子们走进智慧与品德的课堂。一年级新生开笔仪式上，"正衣冠""拜师礼""朱砂启智""击鼓鸣志"……我们用仪式感满满的开笔礼让孩子们懂得"人生第一课"的真

正意义。蒙以养正，果行育德。入队仪式与团前教育的结合，让孩子们在政治启蒙中扣好人生第一颗扣子；"劳技与'三生'"教育进课堂，让劳动观念深入人心；迈向"碳中和"、"换享"市场主题活动在孩子们心中播下绿色环保的种子；禁毒普法教育和防治欺凌教育，让孩子们在阳光下健康成长；"红领巾奖章""怡德币"兑奖系列主题活动，让学生天天有目标、时时有进步；春节、端午节、父亲节、母亲节、儿童节等主题节日教育，培养孩子们对传统文化的热爱。还有"学习二十大，永远跟党走"系列主题教育活动、初三中考壮行仪式、粤港澳青少年"迈向碳中和，湾区少年行"交流活动、英语节、数学节、读书月、科技节、艺术节、美术节、运动会等各项活动全面铺开，为孩子们搭建绽放自我的舞台。在潜移默化中，以润物细无声的方式立德树人，以春风化雨的方式落实五育并举。

（三）硬件设施方面，推动改扩建，家校社联动

一直以来，学校发展受空间所限，片区学位持续紧张。但通过不懈努力，校园改扩建升级取得了重大进展。2022 年，经过多方考察研究后，学校改扩建工程新建教学综合楼一栋（8 840 平方米）、体育综合馆一座（6 447 平方米），建设一块 200 米环形跑道操场，2 个篮球场（兼羽毛球场），以及一个足球场。更美怡翠校园的来临，预示着学校不断迈向高质量发展，也必将为社会提供更优质的教育环境，为孩子们提供更优质的教育资源。

温室里长不出参天大树，懈怠者干不成宏图伟业，我将以坚如磐石的信心、只争朝夕的劲头、坚韧不拔的毅力，以提升办学质效为导向，以全方位育人为特色，带领全校师生踏上实现学校高质量"可拓"发展的赶考之路，奋勇前行。

花开有期　衔接有度

——荔湾小学幼小衔接工作回顾

李　莹[*]

　　荔湾小学从诞生至今，一直高度重视幼小衔接工作。建校初期，我们就把幼小衔接作为学校的重点工作之一，确定了衔接主题并设计了幼小衔接方案。2023 年，我们的幼小衔接方案"探索'4P - 4A'模式，共促双向衔接"被省教育厅评为广东省首届幼小衔接优秀方案。

　　回顾过往，我们已经迎来了七届小学一年级新生。他们从进入荔湾小学的那一刻起，都有了一个美好的昵称——"湾豆儿"。我们是如何让这些"湾豆儿"在短时间内适应小学生活的呢？我们将从认识、实践、思考三个层面，介绍我们如何主动牵手幼儿园，共同陪伴小宝贝们度过幼小衔接关键期的经验做法。

一、革新观念，用有温度的主动适应托举美好童年

　　党的十九届五中全会提出要建设高质量教育体系，相关政策随之密集发布，幼小双向衔接工作进入强势推进期。

＊ 李莹，深圳市禹明督学工作室第二批成员，深圳市南山实验教育集团荔湾小学党支部书记、校长，教育硕士，第七届深圳市督学。

为此，学校与幼儿园通过"结对子"关系，成立了由幼儿园和小学领导、教师共同组成的幼小衔接研究小组（见图1）。

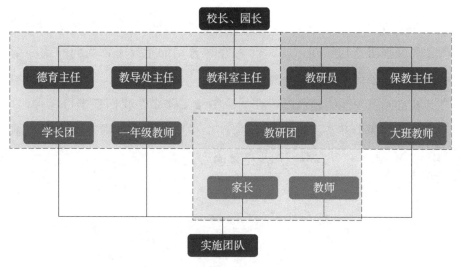

图1 幼小衔接项目成员架构

研究小组认真研读相关指南和指导意见，通过调查、访谈等形式引导各方达成共识，确定幼小衔接工作中需要集中解决的问题。

（1）提升理念，看见儿童。人生百年，立于幼学。我们以儿童为本，把孩子放在教育的中心，作为幼小衔接的出发点与基本原则。

（2）准确定位，适应儿童。我们强化小学在幼小衔接工作中的主动意识，转变以往让幼儿园儿童被动适应小学的观念做法，增强小学的衔接意识，与幼儿园一起找准连接点。

（3）创新举措，托举儿童。我们根据幼儿园和小学教育的不同特点，积极探索有效帮助儿童做好入学适应的教育途径和方法，找准着眼点。

（4）合理期待，成就儿童。在幼小衔接研究中，我们强调尊重儿童的年龄特点、发展水平和个体差异，并据此设计合理的衔接活动。每个孩子都有自己的花期，我们通过不同的衔接活动，让每个幼儿在进入小学后找准成功点。

二、科学衔接，用充满童心的工作内容成就幸福童年

2020 年初，学校以举办心海湾幼儿园为契机，全面开展幼小衔接活动和课程研究与实践。2022 年，在教育局的指导下，我们的幼小衔接经验逐步辐射到学区内多所幼儿园。

找准问题便能明确目标，在幼小衔接工作中，我们基于目标导向，聚焦幼儿的四个准备（简称 4P）与四个适应（简称 4A），探索并实施"4P‑4A"模式，共促双向衔接（见图 2）。

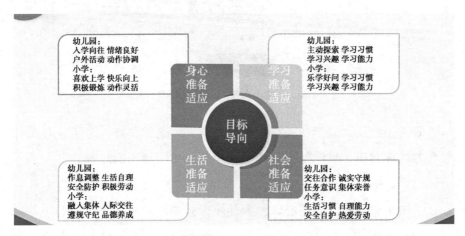

图 2 "4P‑4A"模式

通过实践和探索，我们形成了幼小衔接工作的"五环模式"。即：一条原则、两个阶段、三联主体、"4P‑4A"课程和五项成效。

1. 一条原则

我们以"共情衔接、深度衔接、有效衔接"为基本原则。

2. 两个阶段

荔湾的幼小衔接分两个阶段实施，注重衔接点的过渡。第一阶段是每年 2 月至 7 月，第二阶段是 8 月至次年 7 月（见图 3）。

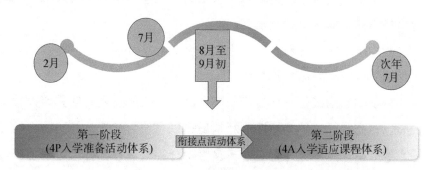

4P-4A幼小衔接模式

第一阶段
(4P入学准备活动体系)

衔接点活动体系

第二阶段
(4A入学适应课程体系)

图3　"4P‑4A"幼小衔接模式的两个阶段

3. 三联主体

我们整合多方教育资源，统筹联动，家、园、校共育，形成合力（见图4）。

校(园)长讲堂(校长、园长)

名师讲堂(名班主任、名师)

新一年级家校见面会(班主任、任课教师)

家长讲堂(高年级家长代表)

专家讲堂(教育专家、心理教师)

家校引领计划

图4　"家、园、校"共育的引领计划

每年校长带队进入幼儿园进行研讨，借助专家引领，完善顶层设计；创新教师双向教研机制、联合规划整体工作、设计延伸性课程内容，确保儿童的四项适应有章法、有载体、有成果、有评价、有反馈；

荔湾校长、幼儿园园长、小学高年级家长、名班主任以及智库专家百家争鸣，一系列涵盖理念更新和实操指导的讲座与培训，有效缓解了家长的衔接焦虑，成就了智慧陪伴。

4. "4P－4A"课程

1）4P入学准备活动体系

科学幼小衔接是一个逐步熏陶，渐入内化的过程。幼儿园以教师为轴心，提高教师对幼小衔接的新认识；以家长为伙伴，共同助力幼儿做好入学准备；以小班为起点，贯穿整个三年的保育教育全过程。我们将幼小衔接教育渗透于幼儿在园的日常生活和游戏之中，潜移默化、循序渐进地帮助幼儿在身心、生活、社会和学习等各方面做好充分准备（见图5）。

以大班为重点，实施针对性的入学准备教育。在大班下学期，我们与小学教师共同研讨并制订了"我要上小学"项目活动计划，以"小学是什么样子的?"为项目的驱动问题，分三阶段开展（见图6）。通过梳理问题清单，学长分享、实地探访、记录表征以及毕业系列活动等，帮助幼儿在身心、生活、社会和学习等多方面做好准备，为他们顺利进入小学奠定了坚实的基础。

2）"4P－4A"衔接点活动体系（8月～9月初）

每年8月至9月初，学校打造"4P－4A"衔接点活动体系，旨在帮助学生和家长顺利过渡到新的学习环境。这些活动包括各类讲堂和高年级家长进班级现身说法，帮助家长从容应对过渡期中出现的新问题；同时，我们还通过新生体验日和4A成长周课程，从学生的心理和学习等方面进行衔接，力求让每个孩子逐步适应小学生活的种种挑战和变化。

3）4A入学适应课程体系（9月～次年7月）

9月至次年7月，我们以"4A入学适应课程体系"为主导，充分考虑幼儿园课程与小学课程的连贯性，这一体系在帮助学生顺利过渡到小学生活方面取得了显著的成效（见图7）。

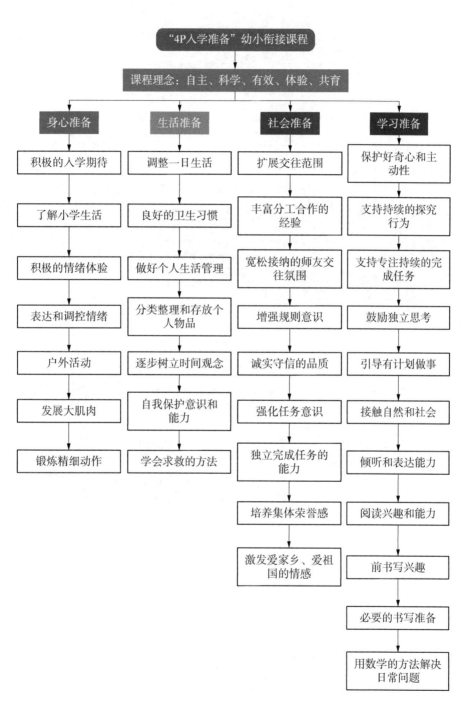

图 5 "4P 入学准备"幼小衔接课程

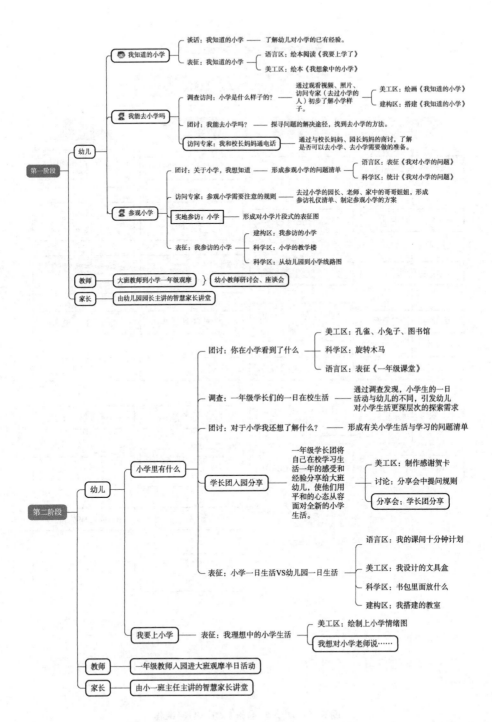

第一阶段

幼儿

我知道的小学
- 谈话：我知道的小学 —— 了解幼儿对小学的已有经验。
- 表征：我知道的小学
  - 语言区：绘本阅读《我要上学了》
  - 美工区：绘本《我想象中的小学》

我能去小学吗
- 调查访问：小学是什么样子的？ 通过观看视频、照片、访问专家（去过小学的人）初步了解小学样子。
  - 美工区：绘画《我知道的小学》
  - 建构区：搭建《我知道的小学》
- 团讨：我能去小学吗？ 探寻问题的解决途径，找到去小学的方法。
- 访问专家：我和校长妈妈通电话 —— 通过与校长妈妈、园长妈妈的商讨，了解是否可以去小学、去小学需要做的准备。

参观小学
- 团讨：关于小学，我想知道 —— 形成参观小学的问题清单
  - 语言区：表征《我对小学的问题》
  - 科学区：统计《我对小学的问题》
- 访问专家：参观小学需要注意的规则 —— 去过小学的园长、老师、家中的哥哥姐姐，形成参访礼仪清单、制定参观小学的方案
- 实地参访：小学 —— 形成对小学片段式的表征图
- 表征：我参访的小学
  - 建构区：我参访的小学
  - 科学区：小学的教学楼
  - 科学区：从幼儿园到小学线路图

教师 —— 大班教师到小学一年级观摩 } 幼小教师研讨会、座谈会

家长 —— 由幼儿园园长主讲的智慧家长讲堂

第二阶段

幼儿

小学里有什么
- 团讨：你在小学看到了什么
  - 美工区：孔雀、小兔子、图书馆
  - 科学区：旋转木马
  - 语言区：表征《一年级课堂》
- 调查：一年级学长们的一日在校生活 —— 通过调查发现，小学生的一日活动与幼儿的不同，引发幼儿对小学生活更深层次的探索需求
- 团讨：对于小学我还想了解什么？ 形成有关小学生活与学习的问题清单
- 学长团入园分享 一年级学长团将自己在校学习生活一年的感受和经验分享给大班幼儿，使他们用平和的心态从容面对全新的小学生活。
  - 美工区：制作感谢贺卡
  - 讨论：分享会中提问规则
  - 分享会：学长团分享
- 表征：小学一日生活VS幼儿园一日生活
  - 语言区：我的课间十分钟计划
  - 美工区：我设计的文具盒
  - 科学区：书包里面放什么
  - 建构区：我搭建的教室

我要上小学
- 表征：我理想中的小学生活
  - 美工区：绘制上小学情绪图
  - 我想对小学老师说……

教师 —— 一年级教师入园进大班观摩半日活动

家长 —— 由小一班主任主讲的智慧家长讲堂

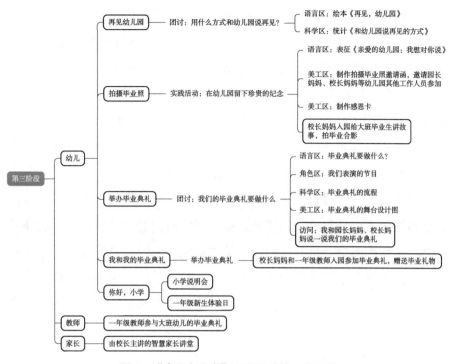

图6 "我要上小学"项目活动的三个阶段

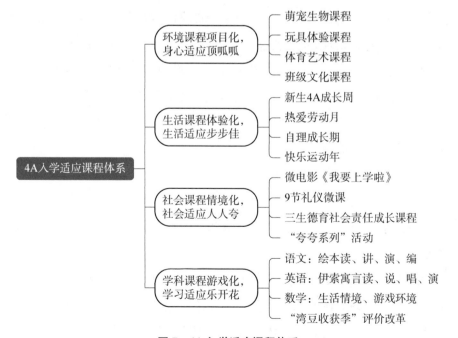

图7 4A入学适应课程体系

（1）环境课程项目化，身心适应顶呱呱。

通过开展一系列生动有趣的课程，致力于促进幼儿的身心健康发展。具体包括以下课程。萌宠生物课程：孩子们看萌宠、说萌宠、画萌宠、喂萌宠，跟随科学老师研究校园植物；玩具体验课程：孩子们装饰玩具、制定游戏规则、学习安全公约、体验游戏乐趣；体育艺术课程：幼儿园和小学共同开展部分运动项目，确定部分艺术主题，根据儿童不同阶段的身心发展和课标要求进行系列教学。

开学前，一年级班主任邀请家长和孩子参与班级文化建设，活动内容包括取班名、画班徽、写班歌、凝练班级精神等。此外，孩子们还带上自己喜欢的图书、玩具、照片、植物以及幼儿园时的作品，一起装饰教室，为班级增添个性化的氛围和色彩。在9月份，他们学习研究班级文化的内涵，通过说、唱、演等多种形式向全校师生和家长展示班级文化，展示他们共同努力的成果和班级独特的魅力。

（2）生活课程体验化，生活适应步步佳。

每年的9月1日，"新生4A成长周"如约拉开适应课程的序幕。在这段时间里，我们将道法、劳动和综合实践课融合联动，通过一系列活动，如"热爱劳动月""自理成长期""快乐运动年"等，让孩子们的成长如花儿般循序绽放。在具体的活动中，我们开展了诸如"画画我的上学路""晒晒我家的小闹钟""我会收拾小书包""我是家务小能手"等项目，将家庭教育与学校教育紧密连接，旨在培养孩子们良好的生活习惯和实用的生活能力。

（3）社会课程情境化，社会适应人人夸。

一年级道法学科的"夸夸系列"课程旨在引导学生夸班级、夸老师、夸同学、夸父母……让"小湾豆儿"们在新集体中建立亲密的人际关系。

此外，荔湾小学建校之初便自编自导了微电影《我要上学啦》，助力幼儿和父母共同做好入学准备；学校还通过9节礼仪微课全方位覆盖校园情境，帮助一年级"小湾豆儿"们理解、学习并遵守规则；三生德育社会责任成长课程设置了午餐管理、课间巡视、文明如厕等学生实践岗位，旨在培养学生的责任心和担当精神。

（4）学科课程游戏化，学习适应乐开花。

一年级全学科制定了年级课程实施方案和评价方案，强化儿童的探究性和体验式学习。语文学科在开学初设立了"拼音王国"，到了 12 月，采用活动方式进行了现场测评；英语学科引入寓言绘本，使孩子们在读、说、唱、演中习得知识、提升能力；数学学科注重在自然的生活情境及游戏环境中培养儿童对数学与生活联系的认识，促进数学思维素养的发展……每学期进行为期一个月的终结性评价——"湾豆收获季"，这是所有学科老师与"小湾豆儿"们共同迎接挑战、总结经验、收获成果的时节。我们的实践成果和省市区级课题受到了上级部门的高度关注，相关研究成果还被教育部推荐并收录于联合国教科文组织的文献中。

5. 五项成效

（1）小一新生适应一届更比一届好，孩子的身心、生活、社会和学习发展呈现良好态势。

（2）管理者、教师、家长的教育理念和方法全方位转变，家、校、园三方衔接更加科学有效。

（3）小学和幼儿园间的双向衔接分两个阶段初步建立了科学完整的课程体系，支撑幼小衔接工作的高质量实施，实现了双向互动。

（4）建立了校内外多层次的学习型联盟组织，共促儿童成长。

（5）学校和幼儿园成为师生及家长的精神中心、文化中心和体育艺术中心。

三、深耕思考，从有情怀的教育视角持续优化衔接

幼小衔接是一项严肃且严谨的系统性工程。每到学年结束前，我们都开展一年级学生适应情况的调查和研究，思考优化下一年的幼小衔接

工作。回顾六年多的实践，我们有以下几点思考：

（1）"湾豆收获季"已建立了较为系统化的评价体系，我们需要与幼儿园共同重新思考如何更深入地践行教育部指南和新课标对"幼小衔接"的新要求。

（2）作为小学，我们应该进一步主动与幼儿园深入研究衔接工作，持续推进幼小衔接的系统性建设，进一步规范课程体系，营造更加浓厚的联合教研氛围，不断创新教育教学方式及实施路径。

（3）积极与片区内非结对幼儿园建立联系，寻求更多共同的研究伙伴，确保幼小衔接工作能够覆盖到每位儿童，每个家庭。

这些思考都与"课程"建设密不可分，我们将继续研究，逐步完善。

五月栀子白如霜，六月荷花映池塘，八月桂花满园香……花开多期，期期绽放，我们希望幼儿园是一程的起点，小学是接续的一站，让幼儿实现自然延伸和顺利过渡。荔湾小学的办学理念是成就每一个教育参与者找到最好的自己。我们愿意与"湾豆儿"、与家长、与同仁一起，成就幸福的孩子、智慧的家长和有梦想的教师，最终成就一所有温度的学校。

为一所理想学校而来

——中山大学深圳附属学校整合大学资源办学的实践探索

罗　灿

大学附属学校是我国基础教育阶段的重要类型之一。目前，各类大学附属学校在办学模式、管理方式以及与大学的关系上存在显著差异。

一、办学背景

我国大学附属学校的发展可划分为三个历史时期，分别在各个时期形成了三种不同类型的大学附属学校：新中国成立至20世纪80年代中期，大多数大学附属学校是大学办社会的产物，多为"大学的子弟学校"；20世纪80年代中期至20世纪末，大学授权将地方已有的普通或薄弱学校挂牌为大学附属学校；21世纪初至2010年期间，地方政府与大学合作在城市新区建立新学校。在全国基础教育改革不断深化、高校招生方式不断变革的背景下，大学附属学校致力于构建集小学、初中、高中一体贯通的全方位、多层次的基础教育拔尖创新人才贯通培养体系。近年来，遵循"资源共享、策略共研、文化共生，师生联动、研训互动、项目撬动"的行动准则，以拔尖创新人才贯通培养为工作主线，切实打破学段壁垒和校际边界，实现学段纵向贯通、学校横向协作，拓展个体，成就集体，不断提升办学的融合度和凝聚力。我们努力打造"优质教育完整供应链"和"创新人才无缝成长链"，激活办学的"集合智慧"，使学校成为深受老百姓喜爱的优质学校。

二、面临问题

　　附属学校利用大学资源办学，虽然在很多方面都能带来显著优势，但也存在一些潜在的问题和挑战。一是短视功利化倾向：地方政府期望附属学校能够快速产生显著效益，导致部分学校过分追求生源和升学率，从而偏离了教育的本质目标。这种短视行为可能加剧与其他学校之间的不正当竞争，对地方基础教育的健康发展造成负面影响；二是"虚名借壳"现象：出于政绩和攀比心理，地方政府与大学合作建立附属学校。然而，若配套支持政策未能及时跟进，这些附属学校可能只是"符号"或"政绩"的象征，而未能真正促进地方教育的发展。为了解决这些问题，附属学校需要建立自己的发展策略和教学体系，充分利用大学资源的同时，注重自身的建设和发展。同时，大学也需要加强对附属学校的支持和指导，帮助提高教学质量和科研水平，确保附属学校能够真正发挥教育改革的积极作用。

三、实践探索

　　中山大学深圳附属学校是中山大学和光明区委区政府合力打造的一所高起点、高标准、高规格的九年一贯制学校。学校总投资近 10 亿元，总建筑面积 16.1 万平方米，设有 132 个班，提供 6180 个优质学位，是深圳市最大的九年一贯制学校。在立校典礼上，时任中山大学校长的罗俊院士指出，中山大学有着优良的办学传统和深厚的办学根基，目前已形成广州、珠海、深圳"三校区五校园"的办学规模。深圳校区被视为中山大学未来百年发展的重要引擎，在深圳建设高水平的附属学校，则是中山大学实施人才战略的关键环节，也是实现世界一流大学建设目标的重要基石。作为中山大学的附属学校，深圳附属学校秉承着中山大学的办学理念，以"博学、审问、慎思、明辨、笃行"为校训，校歌旋律和校徽均与中山大学保持一致。校园内的"狮子币"设计灵感源自中山大学的吉祥物"中大狮"，兼具"中大基因、深圳精神、光明气质"。学校坚持以学生成长为中心，促进学生健康成长和全面发展。

中山大学深圳附属学校推进治理体系和治理能力现代化，探索"政府＋高校＋社会"多元主体合作的办学模式，旨在打造基础教育和高等教育深度融合的典范。学校充分整合优质教育资源，建立共识重叠，信任传递，多元共治的机制，以激发办学活力，创新未来人才培养方式。学校秉承中大的红色基因，全面融入中大的办学理念、课堂教学、师资培训、学生培养和办学资源等方面，并从三方面借力中大资源，优化办学。

（一）跨领域学术资源：高起点培养，全面发展

一是理念贯通。学校与中山大学的办学理念同根同源，一脉相承，致力于打造一所充满人文关怀、面向未来、人才辈出的理想学校，努力确立与世界一流科学城相匹配、与中山大学声誉相匹配的品牌学校形象。学校始终坚守立德树人的根本使命，坚定不移地贯彻中国特色社会主义办学方向，秉承中山大学"博学、审问、慎思、明辨、笃行"的校训，以"光德明理　守正创新"为校风，以"健康　乐学　发展"为学风，以"热爱教育　热爱学生"为教风，坚持以学生成长为中心，促进学生健康成长和全面发展。

二是课程衔接。学校充分利用中山大学的"学术资源"丰富现代课程体系，积极推进课程谱系建设。我们结合学生发展的实际需要，积极建构适合学生发展、具有高选择性的课程谱系，并以"基础课程校本化实施、拓展课程生本化建设、研究课程个性化创造"为核心思想进行课程变革。在研究课程方面，学校与中山大学的航空航天学院、生物医学工程学院和电子与通信工程学院等多个院系深度对接，携手大学教授，开设"博士课堂""院士课堂"和"大家讲坛"等高水平研究课程，例如哲学系潘大为教授的"幸福与一百岁",中法核工程与技术学院卢亮教授的"大国重器：加速器",生命医学工程学院陈桂华书记、吴大林副教授的"基因决定一切？",中文系陈劲松教授的"好小说与什么有关？"等,为学生们播下学术的种子。这些课程不仅丰富了学生的知识储备,拓宽了学生的视野,还将大学高水平课堂引入中小学教室,让"大家"走进寻常百姓家,促进优质教育资源的普及。

学校加强基础教育,促进学科交叉,尊重学生选择,致力于卓越教学,构建多样化、开放性和可持续改进的教育体系,通过积极与中山大学 17 个院系的深度合作,为学生提供了个性化定制的研究课程,例如开设博士课堂、院士课堂、大家讲堂、科学家课堂等丰富多样的研究课程;编写"生命科学""地球科学""物质科学"等特色教材;借助中山大学的学术资源,开展"海绵城市研究""湿地研究"等项目。学校围绕核心素养,推动基础课程的校本化实施,拓展课程的生本化建设、创新研究课程的个性化设计,构建立体多元、富有弹性和张力的现代课程谱系,让学生真正实现"一学生一课表",构建符合其个性化学习需求和成长路径。我们开设跨学科整合课堂,进行 HSA（Humanities Science Arts）课堂模型建构研究,打通学科壁垒,实现各学科的有机融合,打造思维课堂,提升课堂教学质量。同时,推行"彩虹作业",通过分层布置、分类实施和分级辅导,将作业由批量转向定制,产生量变;从笼统到精准,产生质变,提升作业完成质量。我们结合中山大学的吉祥物"石狮子"推行"狮子币"评价体系,构建学生、教师和家长立体、多元的评价方式。这一新体系不再局限于传统的单一、固化、工具化的评价,而是向多元、发展和人文化评价转变,全力满足不同学生的发展状况、学习兴趣和发展方向,以个性化的课程改革促进学生的全面发展。

（二）跨学科导师资源：高质量呵护,个性生长

我们通过师资共建,激活"导师资源",拓宽学生的知识获取渠道。

学校高度整合了大学及其附属机构优质资源，纵向联通，横向联合，实施了"一学生六导师"制度。学校的校内导师全面负责孩子们的学习和成长，全方位促进他们的身心健康和人格发展；大学导师来自中山大学的专家教授，包括地球学与工程学院、电子与通信工程学院、网络空间安全学院等，他们走进中小学课堂开展讲座为学生提供学业学术的指导。医生导师则来自中山大学附属第七医院的医生，他们为学生的健康成长护航，走进校园开展科普知识宣教，并提供免费咨询和义诊服务；他们每周三定期开设生命健康教育系列讲座，已累计236期，深受学生和家长欢迎。学校的学长导师由中山大学的实习生担任，他们以朋辈的视角帮助孩子们进行生涯规划指导和心理疏导。目前，共有353名学长导师参与到学校的各类教育教学活动中，包括开展累计100余节习题讲解课，担任科技节解说、体育节的裁判等，深入到各个班级，帮助学生答疑解惑，特别是在初三中考期间给学生提供了重要的支持。此外，学校还作为中山大学"国优计划"研究生教育实践基地，实现了双向互动与合作互促。同伴导师由学校的学生担任，旨在促进养成和谐互助的人际关系；学校还邀请企业负责人、政府官员、律师等社会精英担当社会导师。"一学生六导师"制度不仅为学生提供了优质的成长平台，还积极促进了学生的心理健康、身体健康和人格发展。

（三）跨校园空间资源：高效能共享，健康成长

一是资源共享。开发"场域资源"构建多元教育空间，学校联力中山大学，坚持科技立校，提出"大科学"理念，探索以"大装置＋大项目＋大平台"的多维发展路径，打造科技创新教育特色学校。学校空间划分为生命科学中心、物质科学中心、地球科学中心，对应中山大学深圳校区的17个院系，为学生提供沉浸式科学学习空间。学校建设"大装置"科普场馆，例如成立科创中心，建设沉浸式科学体验馆、"天琴中心"互动展示馆、航空航天博物馆、地球馆、"中山大学号"海洋综合科考实习船、"天河二号"超级计算机系统等设施，还设置了科考船

体验区、航空航天科幻天幕、航天穿梭机体验舱等"深空、深海、深地、深蓝"国家尖端科学装置体验空间，让学生亲身体验国之重器，打造"无边界"学习场景，集中展示中山大学的重大科研成果，为学生构建高选择性的资源和多选择性的教育空间。

除此之外，学校的设计、建筑风格、标识系统及文化建设等方面均体现了中山大学的属性和辨识度，从顶层设计到建筑细节都与大学对标，凸显了学校的格调和品位，为学生创造了一个既现代又充满学术氛围的学习环境。学校依托中山大学强大的学术背景和资源优势，与理学院、先进能源学院、医学院等多个院系深度对接，为师生搭建"大平台"培训培养机制；开设"大项目"研究课题，由博士后领头开展海绵城市、湿地、水科技等研究项目。学校教师人人都是科技活动的辅导员，个个都是科创教育的实践者。自立校以来，学生完成科技作业9000余份，产生智慧火花2500多个，成功申请国家专利132件。在全球发明大会中国区全国总决赛中，学生获J组全国第二名，学校获特等奖2项、金奖2项、银奖4项、铜奖8项，还获得公益主题奖1项（全国共15项）和评审组特别奖1项（全国共12项），共晋级全球邀请赛赴美国参赛2项，成为全国获奖成绩最突出的学校之一。

二是实践联动。学校推行"德育社会化"。通过社会模拟、社会参与和社会实践，进行启德、明德和光德的立德树人教育教学实践。依托中山大学的资源优势，学校不断拓宽教育空间，打造"无边界"学习场景，激发学生的学习内驱力。学校组织学生走进中大航空航天学院实验室、理学院、生物医学院等17个院系，亲身体验前沿科技与学术研究的魅力；学生还被带到中山大学附属七院的41个科室与诊疗中心进行职业体验从而了解医学领域的实际工作环境和流程；此外，附属七院的医生也定期走进校园，为师生提供义诊服务。通过这些实践活动，学生的学习内驱力得到了不断激发，思维品质也得到了高度提升。学校全面开发大学的图书馆、实验室、体育设施等场域资源，为学生创造多样化的学习环境和机会，构建出既具有学术氛围又充满实践活动的教育空间。学校还开展"行走光明"的实践活动，带领学生走访光明科学城展示中心、鹅颈水湿地公园、新陂头南湿地公园、光明文化艺术中心、依波钟表文化博物馆等，还前往李松蓢垃圾分类科普教育基地、新羌社区党群服务中心禁毒教育基地、军营、光明小镇等场所进行实践活动；此外，学校还利用楼顶园地种植农作物和中草药，让学生观察研究，培养他们学以致用和解决问题的能力。

中山大学深圳附属学校充分利用中山大学及其附属机构的优质资源，实现了办学质量的内涵式发展与跨越式提升。学校荣获全国健康学校建设单位、全国营养与健康示范学校、广东省三八红旗集体、深圳市三八红旗集体、深圳市教育先进单位、深圳教育高质量发展示范校等殊荣。附属学校借助中山大学资源，赋能学生成长，培育富有学习力、思想力、行动力的创造型人才，一路赶超奔跑，打造了一所与中山大学声誉相称，与世界一流科学城相称的品牌学校。学校顺利通过深圳市义务教育阶段教学水平评估，督导组评价认为中山大学深圳附属学校在超大规模办学、超快速度办学、超重负荷办学的情况下，仍然实现了高质量办学、高精准改革、高效率办事，成为一所学生喜欢、家长满意、教师热爱、社会认可、充满情怀、充满希望、充满理想的品牌学校。

让每一个小小的问题都得到解答

——南方科技大学教育集团（南山）实验一小"大学资源课程"的探索与实践

肖　毅

南方科技大学教育集团（南山）实验一小（简称"南科大实验一小"或"实验一小"）是南山区政府与南方科技大学合作办学的第一所全日制公办小学，隶属南方科技大学教育集团，地处西丽湖科教城中心位置。周边丰富优质的高校资源为学校高质量发展提供了强大的智力支撑。十年的深耕厚植，学校逐渐彰显出高校附属特色，具体体现在以下三个方面。

①育人理念方面：学校的校训、校徽等文化元素与南方科技大学一脉相承，形成了独特的育人理念；②环境资源方面：学校实现了实验室、会议室、展览馆等各类功能场馆的开放，可供小学生参观学习，拓展了教育的第三空间；③智力资源方面：学校聘请南方科技大学院士担任名誉校长，并成立各类智力资源成长共同体，充分利用高校的智力资源，促进学生成长。

新时代对人才培养提出了新的要求。为了响应教育强国、科技强国、人才强国战略，培养具备科学家潜质的儿童，南方科技大学和实验一小携手合作，力争把学校打造成"拔尖创新型人才培养"的摇篮。这一合作开启了新的篇章，并呈现出三个转向。①从"散点合作"转向"序列整合"：过去的合作主要是散点式的专家讲座，如今是构建系统、创新的大学资源课程，形成有序的教育体系。②从"单向引领"转向"双向奔赴"：不再只是单向知识的传授，而是组织团队开展贯通式的课题研究。例如，"双区建设背景下的深圳'高校附属特色'内涵发展的实践研究"已成为深圳市重点资助课题。同时，小学也为大学生提供社会公益服务的基地，实现双向互动。③从"知识获取"转向"精神浸润"：不再局限于浅层的知识学习，而是注重深层的科学家精神的引领，通过实际体验和科学探究培养学生的创新精神和科学素养。

基于新课标与本校多彩课程体系，我们根据小学生身心发展特点，以逐层递进的"立身、立行、立志"为目标，以院系为单位，分别对接学校一至六年级学生。据不完全统计，每一学年来自南方科技大学、北京大学等高校及机构的院士、教授、专家组成的团队会陆续进校授课，共开设了90余节课程，涵盖科学、工程、财商、法律、医学、艺术等多个领域的知识普及。

南科大实验一小在大学资源课程建设方面的创新思考与具体行动体现为以下几方面。

（1）"知"与"智"。知也有涯，而智无涯。学生学习的目标不仅在于获得知识，更在于获取终身学习的密码。大学资源课程紧紧围绕国家课程进行拓展，鼓励学生像科学家一样思考，发现身边常见事物背后隐藏的科学规律和问题。具体而言，理学院老师基于科学课上学到的知识，带领同学们走进奇妙的物理世界，从声、光、热、力、电等方面探索物理与生活的联系和对人类的意义。此外，医学院的老师们展示了脊柱变形和弯曲的真实医学影像，让孩子们观察和触摸模型，体验病人日常生活的困苦。通过这种直观的教学方式，学生们深刻认识到脊柱对支持和保护身体的重要作用。从"知"到"智"的提升，打破了"已知"到"未知"的思维壁垒，为学生独立探究打下基础。

（2）"格"与"致"。具身格物，履践致知。学生通过情境体验、具身学习穷究事物原理，学以致用。商学院设计了一套系统的财商课程：从"南小小汽水股份有限公司"的创办、管理，到富余资金的处理，孩子们经历了"组建公司""市场营销""公司分红""反思复盘"等一系列商业活动，扮演了公司总裁、债权人等利益分明的角色，一颗成为经济学家的种子悄然在孩子们心中生根、发芽。法学院设计了模拟法庭，学生们体验了被告、辩护人、公诉人、陪审员等角色，衡量赔偿与谅解，反思冲突之源，学会用法律解决问题、保护自己。从"格"到"致"的过程，完成了从"书本"到"实践"的焦点转变，为学生解决问题提供了良策。

（3）"志"与"向"。志之所向，素履以往。这里的"志"指学生的个人之志，而"向"有两层含义：一是在专家的指引下，学生能够找到自己未来可能的发展方向；另一层是指受到科学家的经历和精神的感染，自觉立志报效祖国。每个年级的第一课，专家们都会为学生展示院系的结构构架图，帮助他们了解学院下设的系和专业，以及这些专业所学的知识，将来可能从事的职业，为孩子们做好初步的职业规划。教授们也会在课堂上分享他们的人生经历，例如工学院张璧副院长讲述了他青年时代游学时见识过的各国的工业"牙齿"——刀具，总结了"超高速加工"是刀具锋利的制胜法宝，并提到中国自己研发的超高速磨床将达到世界最高速度。这些内容使得在场的师生无不深受鼓舞，下课了学生们还意犹未尽，围着问问题，并排队要签名。学生对"科学之星"的热情追随展现了他们对科学知识的渴望和追求。六年级的教育剧场重现了当时南科大冷冻电镜中心与时间及病毒赛跑，最终成为世界上第一个成功拍摄新冠病毒二维样貌团队的过程——当得知未知病毒来袭时是继续工作，还是停下来集中研究？当研究数据和权威发布的数据不一致时，该不该对外公布？面对 3D 建模数据比对数月仍毫无进展的情况，应不应该继续？学生在这种两难情境中体会到了科研人员所坚守的价值信念、责任感和使命感。这种从"志"到"向"的引领，升华了"小我"到"大我"的价值追求，对学生起到了凝心铸魂的作用。

课程的每一次碰撞，都激发了学生们的热情和灵感，教授们看到了学生们的好奇心与求知欲，惊讶于孩子们的知识储备和活跃自信的课堂表现，学生们则在这样的学习环境中，发现了更广阔的天地，对未知的有趣探索，对科学精神的真实体会让他们爱上了这样的课堂，大家都对未来的合作充满期待。与时代，敬未来，南科大实验一小将继续对标国家对深圳双区教育的要求，深耕"大学资源课程"品牌，让每个儿童的小小问题都在大学畔的小学校里生根发芽，让每个孩子的出彩人生都在小学校的大教育里扬帆起航！

坚持外语特色，追求卓越创新

葛岩峰[*]

南山外国语学校（简称"南外"）创办于 1995 年，是南山区首家公办外国语学校，经过近 30 年的发展，已经成长为拥有 15 所分校的教育集团。南外的外语特色发展历程可以分为三个时期：第一阶段，创建特色；第二阶段，探索模式；第三阶段，追求卓越。也可以将这三个阶段分别称为南外外语特色发展的 1.0 时代、2.0 时代和 3.0 时代。

一、创建特色

建校初期，学校面临着诸多困难：没有教材，没有师资，没有在小学和幼儿园开设英语课的先例，也没有有效的英语教学方法，更缺乏现代化的教学设备和技术，甚至找到《狮子王》的原版动画片都很困难。对于现在的年轻人来说，这些情况简直难以想象。

当时，一批曾在初中，高中，甚至大学任教的老师们，面对 5～6 岁的小朋友时感到不知所措！一节课只能教 2 个字母和 4 个单词，几分钟就完成了教学内容，小朋友们开始离开座位，有的讲话、有的玩耍，甚至还有打闹的。不会教，怎么办？

---

* 葛岩峰，深圳市禹明督学工作室第二批成员，深圳市南山外国语学校（集团）总校长，教育硕士，第六届深圳市督学，深圳市名师。

老师们在教学过程中边教边学，一起探索幼儿教育和小学教育的方法。为了提升教学水平，他们请专家指导，还赴上海学习，学习课堂管理和班主任的工作。除了英语课，自主开发并教授各种社团课程，甚至在周六也安排了课程，每周教授20多节课。

那时的条件非常落后，学校只有一个校园，操场还是煤渣铺的跑道，没有手机，教室里最现代化的设备是录音机。老师们忙得不亦乐乎，自己编写读本，开发教辅，研发社团课，策划活动，还要自己测试和评价。这段时间锻炼了他们的多种技能，每个老师都能唱歌、能跳舞、能绘画、能表演、能制作道具，乐在其中。

学校在南山区率先开展了校园英语文化节，实行全英文教学，开展了丰富多彩的英语社团活动，极大地激发了学生的学习兴趣。学生们的配音节目甚至在北京人民大会堂表演。外语特色的打造为开办新校打开了新局面，使学校声名远扬，全区招生，家长和学生蜂拥而至，一位难求。老师们艰苦卓绝的奋斗为南外打下了坚实的基础。

二、探索模式

随着办学规模的扩大，学校从一个校区扩展到10个校区和10个幼儿园，形成了幼小初高十五年一贯制教育体系。学校教师队伍不断扩大，为提升教师的专业水平，学校加大了校本研修的力度，开展了多种多样的教学研究活动，如集体备课、听课、评课、新教师汇报课和教学基本功比赛等。学校定期召开英语教师大会，专题研究英语教学问题，开展英语小课题研究。此外，学校邀请了全国知名英语专家如龚亚夫、张连仲等入校指导教师，同时，组织英语教师外出参观学习，包括去我国香港地区以及海外英语国家学习等，以不断提升教师的教学水平和专业素养。

学校提倡根据学情采取灵活多样的教学方式，如任务型教学法、情境教学法、主题教学法、游戏教学和配音教学法等。

学校还开展丰富多彩的活动，例如社团、英语合唱团、戏剧、配音等。同时，开展英语文化节，组织海外夏令营，举行模拟联合国会议，以提高学生的跨文化交际和国际理解能力。

学校整合教材，开发读本，丰富课程。在教学中，巧妙地把国际教材与国内教材整合起来，在此基础上开发适合学生的校本读本。同时，还开设了二外课程，如法语、西班牙语等，以满足学生个性化的学习需求。

经过多年的探索实践，南外逐步形成了"彩虹英语学习模式"，具体包括：

（1）多课程推进，丰富课程体系；

（2）多方法教学，优化教学效果；

（3）多活动体验，提升语用能力；

（4）多教材整合，扩充课程资源；

（5）多语种设置，满足个性需求；

（6）多文化渗透，加强国际理解；

（7）多形式教研，促进专业发展。

在集团化办学的过程中，这一系列具有系统性、实践性和操作性的外语教学模式，保证了集团各个分校能够实现快速地复制与移植原有的英语教学路子，并持续进行更新，从而使得各个分校都能迅速起步并取得良好的发展。

经过多年的实践，南外的学生学业成绩不断提升，中高考成绩名列前茅。例如，2023年高考中，有3名学生英语成绩高达145分，超过140分以上的学生达到30人。在中考中，部分分校的A＋比例接近30％，远远高于全市平均的5％。此外，学生在听说读写能力方面表现突出，在各类比赛中屡屡获奖。

在学生发展的同时，南外的英语老师教学水平也在不断提升。先后有587人次在各级教学比赛中获奖，其中高中的"90"后教师周舟，在2023年参加第四届全国中小学青年教师教学竞赛全国决赛中荣获"含金量"极高的中学英语组一等奖第一名，被授予"全国五一劳动奖章"，展示了极高的教学水平和专业能力。

此外，还有一大批青年教师成长迅速，如今已在各分校英语科组挑起大梁，并担任科组长。他们中的一些教师成为种子教师，被派往集团外的新办分校任职，成为南山区英语教育的中坚力量。

学校办学质量和社会声誉不断提升，去年获评广东省优质教育集团，在全国范围内也具有一定的影响力。学校还承办了全国电影课年会，并成为全国外语教育学会年会观摩课的现场，进一步展示了其在教育领域的领先地位。

三、追求卓越

在一代一代南外人的共同努力下，学校以外语创校、立校，从无到有，从有到优，不断追求卓越！

教师教外语，不仅仅是教会学生如何讲英语、进行交流、准备雅思托福考试，更重要的是要宣传中国的文化、历史、发展成就、传统价值，讲述优秀的中国故事，与世界共同发展。我们致力于增进国际理解，培养学生的中国心灵、家国情怀和使命担当。在当前世界大动荡的时局中，为国家和人类的进步与发展贡献我们的力量和智慧。

以"跨文化理解"为特色方向的
外语课程实践

周卫锋　黎俊辉[*]

深圳市坪山区第二外国语学校（简称"坪山二外"）于 2019 年 9 月开办，是一所区属公办九年一贯制学校，也是坪山区第二所以"外国语"命名的公办学校。

一、课程背景

学校开办以来，面对疫情、国际局势变化，以及一系列重大政策调整，外语课程建设经历了明显的迷茫期和调整期。

面对越来越复杂的国际局势，"人类命运共同体"成为"百年未有之大变局"挑战下的中国方案和中国担当，这对外语教育提出了新要求。同时，面对"中华民族伟大复兴"的中国梦和全面实现现代化的战略目标，以及新颁布的《义务教育课程方案与课程标准（2022 年版）》，义务教育学校的外语教育任务变得愈加清晰和紧迫。

学校在办学实践中且行且思，逐步确立了基于"马克思关于人的全面发展学说"和"发展心理学"理论的"逐光教育"哲学。我们提出：以"追逐生命之光"为办学理念，"让你（师生）的光芒闪耀"为办学

＊　黎俊辉，深圳市坪山区第二外语学校教务主任，深圳市坪山区名师。

愿景，以"创建追逐儿童生命光辉的现代学校"为办学目标，以"培养担当民族复兴大任的时代新人"为育人目标，最终致力于为党和国家"培养德智体美劳全面发展的社会主义建设者和接班人"。

我们提出以"国家 未来"为校训，即"扎根中国大地，面向未来世界"办教育，旨在培养能够站在世界舞台中央，促进中外交流合作，推动中华民族伟大复兴，构建人类命运共同体的未来人才。由此，我们依据最新的课程标准，充分发挥外语学科的工具性和人文性价值，提出学校外语课程建设的特色方向为"跨文化理解"，并聚焦学生的外语学科素养，开展具体的课程实践。

二、课程目标与定位

外国语学校外语课程建设的目标与定位应以党和国家的人才需求为出发点，以培养学生的语言能力、文化素养、综合素质和国际竞争力为核心，提供多样化的教学方式，与国际接轨，不断改进和创新。基于此，坪山二外外语课程建设的目标与定位如下。

培养学生的语言能力：外语课程以培养学生的语言能力为核心，帮助学生掌握听、说、读、写的基本技能，并能够运用外语进行交流和学习。

提高学生的文化素养：外语课程注重提升学生的文化素养，帮助他们了解世界各国的文化差异，增强跨文化理解能力。

培养学生的综合素质：外语课程致力于培养学生的综合素质，帮助他们建立开放的视野，提高思维能力和创新能力。

提供多样化的教学方式：外语课程提供多样化的教学方式，包括小组合作、个性化教学和互动教学等，以满足不同学生的需求。

与国际接轨：外语课程应与国际接轨，引入国际先进的教学理念和教学方法，提高学生的国际竞争力。

三、课程设置

坪山二外的外语课程设置充分考虑党和国家的人才培养要求、学校的办学定位和学生发展需求，提供多样化的教学方式和课程内容，帮助学生全面提高语言能力和综合素质。

基础外语课程：包括语音、语法、词汇、听力、口语、阅读、写作等基础课程，帮助学生掌握外语的基本知识和技能。

外语选修课程：根据学生的兴趣和需求，设置不同的外语选修课程，如名著阅读、课本剧、英语配音、英语歌曲、英语绘本等，以满足学生的个性化需求。

语言实践课程：通过各种语言实践活动，如英语小剧场、英语文艺节、英语书法、英语演讲等，帮助学生提高语言运用能力。

国际交流课程：为学生提供机会，让他们了解不同国家的文化、历史、社会制度等，增强他们的国际视野和跨文化理解能力。

四、教学方法

作为一所外国语学校，我们根据教材和学生的具体情况，选择合适的教学方法和手段。具体实施如下：在小学阶段，重视保护儿童对第二语言学习的兴趣，注重培养自然拼读与生活化运用的良好习惯；在初中阶段，既采用重视语音、语法和词汇的传统教学方法，也采用小组讨论、演讲和课堂活动等多样化的教学方法。同时，还借助现代技术手段，如多媒体课件、网络资源和语音识别等，提高教学效果。

我们采用多种教学方法来提升学生的语言能力和综合素质，具体包括以下教学方法的运用。

任务型教学法：在教学活动中，教师围绕特定的交际和语言项目，设计出具体且可操作的任务。学生通过表达、沟通、交涉、解释、询问等各种语言活动形式来完成任务，以达到学习和掌握语言的目的。

合作学习：合作学习以学生为中心，教师作为引导者，通过小组合作的形式，让学生参与到课堂教学中，以达到更好的教学效果。

情景教学法：老师为学生模拟各种生活中的真实场景，以生动活泼的方式呈现学生感兴趣的单元主题，组织学生在情景中不断反复地操练新知识，达到学以致用的学习效果。

直拼教学法：根据英文字母本身的音源，总结出一套不需要学生学习就能"看单词能读，听单词能写"的英语词汇教学方法。它用最简单、实用和直接的字母及字母组合的基本发音，让学生快速掌握陌生单词的认读技巧，并能迅速记忆单词和朗读文章。

童话剧教学法：以经典的英美英语童话故事为教学内容，让学生在故事中学习英语，激发他们的学习欲望和积极性。

联想教学法：根据每个知识点之间的内在联系，充分调动学生的联想能力，通过引申、扩展、推理、想象等方式，引导学生用正确高效的方式来完成大脑中知识网络的建立，从而迅速将新知从短时记忆转化为永久记忆。

语言经验教学法：以学生自己的经历和兴趣为基础，让学生在学习英语的过程中不断积累语言经验，培养他们的语感和语言运用能力。

五、评价方法与标准

坪山二外的外语教学评价标准与方法主要包括以下几个方面。

学生的外语水平评价：学校对学生的外语水平进行全面评估，包括听、说、读、写等方面的能力，以了解学生的外语水平和个性化学习需求，为制订有效的外语教学计划和教学方法提供科学依据。

教师的教学评价：学校对外语教师的教学进行全面评估，包括教学内容、教学方法以及教学效果等方面，旨在深入了解教师的教学实践和需求，以便优化教学方法，提升教学质量。

教学资源的评价：学校对外语教学资源进行评估，包括教材、教学软件、语音室、多媒体教室等方面，以了解教学资源的使用情况和有效性，改进教学资源的配备。

教学管理的评价：学校对外语教学的管理进行评估，包括制订教学计划、安排教学时间、监督教学质量等方面，以了解教学管理的执行情况和存在的需求，改进教学管理方法并提高管理效果（常规检查、考试、一师一优课、教学总结、计划、成绩分析）。

考核评价的评价：学校对外语教学的考核评价进行综合评估，包括课堂表现、作业、考试等方面，以了解考核评价的实施情况和现有需求，改进考核评价的方法并提高评价效果。

六、发展规划

未来坪山二外将从以下几个方面完善外语课程建设。

整体规划和设计：进一步提高英语课程建设整体规划，综合考虑课程目标、课程内容、课程实施、课程评价和课程管理等方面，确保课程方案全面、系统和有效。

多样化教学方法和手段：积极引入多种教学方法和手段，如探究式学习、翻转课堂、信息化教学辅助等，以提高学生的学习兴趣和参与度。

多元化评价方式：在现有评价方式的基础上，建设和完善学校的数据化评价平台，采用多种评价方式，包括过程评价和结果评价相结合、形成性评价和总结性评价相结合等，以全面评估学生的学习成果。

教学管理的针对性和有效性：完善教学管理数据平台，强化教学管理的针对性和有效性，例如建立教学档案、加强教学数据监控、强化教学督导、开展教学研究等措施。

课程特色和教学资源的创新性和实用性：创建坪山二外外语课程特色、建立具有创新性和实用性的教学资源系统，引导外语教师在教学中注重实践和应用，加强课程与实际生活的联系，促进教师与学生之间的互动和交流。

目前，学校在长期使用科大讯飞公司的英语听说训练课程基础上，规划逐步引入讯飞旗下"AI 听说课堂"产品，通过人工智能、云端大数据等技术的应用，推进英语课堂教学的变革，以期更好地提升英语学习的质量，并促进学校外语课程建设的深入探索。